修訂八版

行政法總論

Administrative Law

黃　異　著
許春鎮　修訂

三民書局

國家圖書館出版品預行編目資料

行政法總論／黃異著.－－修訂八版一刷.－－臺北
市：三民，2017
　　　面；　公分

ISBN 978–957–14–6189–2　(平裝)
　　1.行政法

588   105014868

© 　行政法總論

著 作 人	黃異
發 行 人	劉振強
著作財產權人	三民書局股份有限公司
發 行 所	三民書局股份有限公司
	地址　臺北市復興北路386號
	電話　(02)25006600
	郵撥帳號　0009998–5
門 市 部	(復北店)臺北市復興北路386號
	(重南店)臺北市重慶南路一段61號
出版日期	初版一刷　1989年1月
	修訂六版一刷　2009年7月
	修訂七版一刷　2013年7月
	修訂八版一刷　2017年3月
編 　 號	S 583570

行政院新聞局登記證局版臺業字第〇二〇〇號

有著作權·不准侵害

ISBN　978–957–14–6189–2　(平裝)

http://www.sanmin.com.tw　三民網路書店

修訂八版序

　　本書在修訂七版序中曾經把「規定」與「法規」做了區別，並依此調整書中用語，但事後仍然發現許多疏漏的地方。本次修訂則希望把此方面的瑕疵予以排除。

　　另外，本書也依據目前生效中的規定，做一次檢修。不過，此項工作是由許春鎮教授擔任。春鎮博士治學嚴謹，是一位不可多得的學術人。他的投入，讓本書蓬蓽生輝。

　　一本教科書不僅要迎合當前規定，也應趕上理論的發展。但是，人的年華有限，不可能永續耕耘。在此，特別謝謝春鎮博士，願意在往後的時間裡，繼續修訂本書。另外，也感謝周怡良博士在打字、校對及聯繫方面提供協助。祝他們在學術及工作上一帆風順。

黃　異

二〇一七年二月二十五日

澳大利亞‧伯斯

初版序

在《生活的藝術》一書的自序中，林語堂先生曾自白說：「本書是一種私人的供狀，供認我自己的思想和生活所得的經驗。我不想發表客觀意見，也不想創立不朽真理。……我祇想表現我個人觀點。」我不敢把自己與哲學大師相提並論，但卻想借大師的一席話，來說明本書的性質：本書是一種私人的供狀，供認我自己對於一般行政法的看法。

本書並非是嚴格地遵從法學方法論的方法，闡釋法條所獲得的結果。本書僅代表了一種嘗試：企圖把德國行政法理論與我個人的體會，融入我國行政法中。也許我不是一個適當的人選，來從事此項工作，但我卻奢望這項嘗試能引起——正面的或負面的——回響。

「我們的知識，是建立在先人的肩上。」因此，在本書中仍然出現大量既成的觀點。由於本書重點在於建立一套系統，因此，許多問題僅能點到為止。

本書的內容侷限於一般行政法，而不包括特別行政法。因此，本書採用「行政法總論」的名稱。如前所揭，本書不在於闡釋我國一般行政法的各種規定，而是一種嘗試，因而，本書名稱不能用「中國行政法總論」一詞。

一般行政法所涵蓋的範圍有多大，見解不一。但是，配合我國學者通說，本書認為包括目次中所列各章的問題。兩篇未公開發表的文章，附錄於本書之末，期能獲得保存。其中一篇係短文，另一篇則是替立法院撰寫的報告。

國立臺灣海洋學院海洋研究所法制組研究生卓伯源同學，協助校對本書稿件，備極辛勞，特此誌謝。輔仁大學法律學系主任黃宗樂博士惠賜應允，將本書列入輔仁大學法學叢書教科書類，感激萬分。而身為輔仁法律人的我，也希望藉此回饋我的母校——真善美聖的輔仁大學。

黃　異

一九八七年十月三十一日

行政法總論

目　次

第 1 章

行政

第一節　行政的意義

「行政」一詞，在德國行政法學中謂之 "öffentliche Verwaltung"。 "öffentliche Verwaltung" 有兩種基本上不同的用法：

㈠指組織，即：機關。

㈡指機關的作用，即：各種措施。

在我國的法學領域中，「行政」一詞用來指「作用」，很少用來指「機關」。那麼，行政的意義為何？在早期行政法教科書中，能找到的行政定義，約有下列各種：

㈠行政係指國家機關或公共團體，為完成任務，所實施的行為。

㈡行政是國家意志的執行。

㈢行政乃為積極實現國家目的，所實現的作用。

㈣行政乃適用法律的行為，亦即：將法律所規定的事項加以執行。

㈤行政乃國家統治權的中心作用。

㈥行政乃指立法、司法、考試、監察之外的國家作用。

前揭㈠至㈣之「定義」，能否稱得上是定義，實在令人十分懷疑。因為，這些「定義」根本無法將行政與其他的國家作用，加以界定。㈤之定義顯與權力分立原則不合，難被接受。前揭㈥之定義，為我國學者通說。

前揭㈥之定義，實即所謂的「剔除法定義」。「剔除法定義」源於德國威瑪共和時代的法學家 Walter Jellinek。Jellinek 認為：行政是指立法及司法之外的國家作用。基此，欲了解行政，必先知曉立法及司法的意義。設若立法是指「一般而抽象之規定的制定」，而司法是指「客觀地，依法定程序，針對具體事實，適用規定，而為的決定」，那麼，行政應是指此兩種作用之外的作用。

前揭 Jellinek 的行政定義，無法配合目前德國的體制。德國係採三權分立。三權是指立法、司法與執行。而執行分政府與行政。所謂政府，是指

國家之統御作用，例如：政策之決定、外交方面措施、赦免行為、國家最高機關政務官之任命。政府對於行政來說，是立於導引與統御的地位。若配合德國體制，Jellinek 的行政定義，應修改如下：所謂行政是指除立法、司法及政府之外的國家作用。

依據前述的剔除法定義，則立法機關針對單一具體事項所制定的「措施法」或通過預算案等，皆非屬於立法，而是行政。行政命令之制定，非行政而是立法。行政機關的爭議裁決，屬於司法，而非行政。

另一方面，一些德國行政法學者嘗試從歸類行為的特性來說明行政的意義：

例一：行政是指一個團體的機關，為處理公共事務，依既定目標，所為之形成的、計畫的或單純執行的、多樣性的行為。

例二：行政是指國家之行政機關，為執行既定計畫或處理有關社會存立之事務，在裁量範圍內及依據指示，所為之行為。

例三：行政是指依公法所形成的主體，在自主範圍內及在廣泛的導引及監督之下，為公益的目的，依不同的規定所做的行為。

前述例三之行政意義析述如下：

㈠行政是指依公法所形成主體的行為：所謂依公法所形成的主體，包括國家、公法社團、公法財團、公營造物等行政主體。受託人非此所謂的行政主體，受託人僅是受行政主體委託而為執行者。受託人之地位，類如委託主體的機關。公營事業係由行政主體，依公司法或其他私法規定所設立之私法人，亦非此所謂的行政主體。公營事業是行政主體為達到特定行政上之目的（例如：提供水或電），所採用的一種手段。

㈡行政係為公益的目的：公益是指社會一般福祉。「以公益為目的」係指以公益為取向而言。直接給予社會一般大眾利益的行為，當然屬於行政，但有些行為雖直接給予少數特定對象利益，但若其最終目的仍在為社會一般福祉，則仍屬行政。例如：濟助貧困者固然直接給予貧困者食住，但最終目的則在於維持社會安寧；給予工廠防污設備貸款，固然給予工廠利益，但最終目的是在於維護環境，保護人體健康。

㈢行政是行政主體在自主範圍內及在廣泛的導引及監督下，所為的行為：為行為的行政機關是在一個行政系統之中，且隸屬於政府。政府對於行政機關及上級機關對於下級機關，有指揮及監督的權限。此外，行政法院對於行政機關之行政處分得為審查及撤銷。人民的請願亦屬一種導引及監督的方式。而各種團體或個人亦可經由意見發表或其他方式（如：遊行），發生導引及監督的作用。

雖然行政主體在廣泛的導引及監督之下，但它仍有相當的自主範圍。依據依法行政原則，行政主體之機關於為行為時，固然應受各種法源的拘束，但是，規定有時仍給予相當的自主空間，即：裁量與判斷餘地。

㈣行政係採不同法規規定的形式所做的行為：法可大別為公法與私法，不僅依公法所為的行為屬行政，依私法所為之行為（私法行為）亦屬行政。但是，依公法之行為較依私法之行為為多。

以上所揭意義，是行政的實質意義。形式意義的行政，則是指行政機關所為的所有各種行為。

第二節　行政的種類

行政可以從不同的角度，加以區別。

首先，我們可以依據行政所由出之主體（行政主體）的不同，分行政為國家行政與公法團體行政。行政出自於國家，謂之國家行政。行政出自於公法團體，謂之公法團體行政。公法團體行政又可分為公法社團行政、公法財團行政與公營造物行政。若行政係出於公法社團中的地方自治團體，則謂之地方自治行政。由於公法團體係國家所直接或間接設立，且完成國家所付託之公共任務，因此，出於公法團體之行政又謂之國家間接行政。反之，由國家機關直接所為之行政，謂之國家直接行政。

其次，我們得依據行為所植基規定性質的差異，將行政分為公法行政與私法行政。凡行政主體依公法所為之行為，謂之公法行政。反之，凡行

政主體依私法所為的行為，謂之私法行政。前者如：命補繳稅款、命拆除違章建築、入伍召集。後者如：購買辦公所需的物品（紙、筆、椅、桌）、出售或出租辦公大樓、因工程發包與營造商簽訂承攬契約。

因公法行為所發生的爭議，宜由行政機關及行政法院審理，因私法行為所發生的爭議，則由普通法院審理。公法行為原則上由行政機關予以強制執行，私法行為則由普通法院予以強制執行。因公法行為所生之責任，依公法定之。因私法行為所生之責任，依私法定之。

公法行為與私法行為有時共存，有時同時發生：

例一：甲企業向行政機關乙申請貸款，乙機關予以核准。此核准為公法行為。依據核准，甲與指定之行庫丙簽訂消費借貸契約，以獲得貸款。此例即所謂的「二階段理論」：第一階段為公法行為，第二階段為私法行為。

例二：學生甲在乙大學辦妥入學。此項入學可能同時包括兩個行為：

㈠公法行為：註冊。

㈡私法行為：住宿契約。

行政又可因其不同特質而歸類為：干涉行政、供給行政、賦稅行政、需求行政、規劃行政。

所謂干涉行政，是指涉入人民自由領域的行為。干涉行政的目的，在於排除個人危害或保障社會秩序及維護社會安全。干涉行政的行為，大都是具有命令、禁止、威嚇使用強制、實施強制等性質。而所用的方法，如：負擔處分、事實行為等等。

干涉行政常發生於警察行政、賦稅行政等領域。此外，在行政執行領域中，亦存有干涉行政。干涉行政必然是公法行為。依據法律保留原則，干涉行政僅能依法而為之，凡法律未規定者，干涉行政皆不得為之。此外，干涉行政亦有法律優先原則的適用。

所謂供給行政，是指對人民為提供的行為。供給行政的目的是維持及改善人民的生存。供給行政出現的領域，如：社會福利、經濟活動之資助等領域。供給行政所採的方法，如：授益處分、私法契約、事實行為等。供給行政可以兼含公法行政及私法行政。

　　供給行政不會限制或剝奪人民的自由或權利，因此原則上沒有違反法律保留原則的問題。基此，即使沒有法律的規定，供給行政仍然可以為之，補貼即是最顯著的例子。國家只要編列預算以及配合預算訂定行政規則即可達到補貼的目的。

　　有時一個行政行為可能兼含干涉行政及供給行政的特質，而難以歸類。例如：水電的強制聯結、強制注射疫苗等，是干涉行政或供給行政？不過，干涉行政與供給行政並非是法所設置的概念，它僅是在學術領域中所使用的概念，用來協助我們能便捷地指稱特定的行為。至於模糊的地帶，只能再借助某一觀點來確定其歸屬。

　　賦稅行政是指抽取人民財產之行為。賦稅行政的目的，在於滿足行政主體在財政方面的需要。需求行政是指備置人力、物力的行為，目的在於滿足行政主體在人力及物力方面的需要。規劃行政是指擬定各種構想的行為。規劃行政的目的，在於針對未來的發展或可能發生的狀況，預擬因應制宜之方法。規劃行政與賦稅行政是公法行政，需求行政則可能是公法行政或是私法行政。

　　基本上，行政是指行政機關落實規定所生的結果，亦即執行規定所規制的行為。法規有兩種規制的模式：

　　㈠法規明定特定的條件，以及在此條件下行政機關應為的行為。

　　㈡法規明定特定的條件，以及在此條件下行政機關得選擇是否為行為或在多數行為中選擇其一而為之。

　　在前揭㈠的情形中，行政機關必須為行為而且僅能為法規所規定的行為，此種情形謂之羈束行政。在前揭㈡的情形中，行政機關得自行斟酌是否為行為或者選擇為何種行為，此種情形謂之裁量行政。

　　有時行政機關所為的行為，不是規定所明文規制的行為，而係自行決定所為的行為，此種行為謂之自由行政。雖然自由行政中的行為並非是規定所明文規制的行為，亦即沒有規定的依據，但自由行政的行為，仍應遵守相關的規定，例如：憲法、法基本原則及行政程序法中的相關規定。自由行政大都發生於供給行政範疇中。

第 2 章
行政法

第一節 行政法的意義

「行政法」一詞，在法學領域中廣被使用。「行政法」所指為何？由於下定義時，所面臨的規定十分繁雜，因此，要擬定一個適當的行政法定義，使其能涵蓋各種有關的規定，並非易事；學者所擬的行政法定義，經常有顧此失彼的情形發生。在我國早期行政法學者中流行的兩則行政法定義，足以為證：

㈠行政法是指，有關行政組織及行政作用之公法規定。

㈡行政法是指，有關行政組織、行政作用及行政救濟之公法規定。

前揭兩則行政法定義，固然簡單明瞭，但卻遺漏一般行政法中的一些規定，且將特別行政法剔除於行政法領域之外。

鑑於前述的困難，一些學者認為不可能也不必要替行政法下定義，而僅需對於行政法加以「描述」。期能透過描述，而對行政法有較明確的了解。

「行政法」一詞，僅是法學中的一個工具；我們能便捷地利用行政法一詞，來指稱一些特定的規定。行政法得描述如下：凡是規制行政相關事項的規定，統稱之為行政法。

第二節 行政法的種類

第一項 一般行政法與特別行政法

「行政法」一詞，所涵蓋的規定十分繁多。我們可依不同的觀點，予以分類。通常都把行政法分為兩大部分：

㈠一般行政法。

㈡特別行政法。

所謂特別行政法，是指直接規制各個生活領域的規定。特別行政法反映了國家對於特定生活領域應如何形成秩序的構想。而行政主體依此規定予以落實。特別行政法實是行政法的核心部分。

特別行政法所涵蓋的規定十分繁多。我們可以從不同的觀點，來區分特別行政法：

例一：特別行政法分為：內政行政法、外交行政法、交通行政法、經濟行政法、財政行政法、法務行政法、教育行政法、國防行政法、僑務行政法、蒙藏事務行政法等等。

例二：特別行政法分為：

㈠**自治團體法**：有關地方自治的規定。

㈡**公職人員法**：有關公職人員的規定。

㈢**財政法**：有關行政機關之收支計畫與管理的規定。

㈣**安全秩序法**：有關防阻與排除公共秩序之危害的規定。

㈤**土地建築法**：有關土地之發展利用和建築之規劃，以及有關建築與公共安全和秩序之協調的規定。

㈥**道路水資源法**：有關道路及水資源之維護與使用的規定。

㈦**交通法**：有關陸上、海上及空中交通的規定。

㈧**經濟行政法**：有關經濟秩序及經濟活動的規定。

㈨**社會行政法**：有關社會救濟、社會給養及社會保險的規定。

㈩**文化行政法**：有關教育、藝術與學術的規定。

(十一)**環境保護法**：有關環境保護及生態保育的規定。

(十二)**軍事防衛法**：有關防衛及軍事事項的規定。

(十三)**內政法**：指上揭各項以外的規定而言。例如：有關護照、戶籍、集會、結社等之規定。

特別行政法主要以成文法形態出現。

一般行政法並不是針對特定生活領域所為的規制，而是配合所有特別行政法而生的共通性規定。那麼一般行政法應涵蓋哪些規定？也許我們可

以把下揭的想法作為出發點，來界定一般行政法的範疇：行政主體應依特別行政法而為各種行為。因此，一般行政法的首要問題是行政主體的組織及關係（行政組織）以及其依法所為行為（行政行為）。其次則是行政主體在對外作成行為之前的先行程序（行政程序）。若人民不履行其依行政行為或依規定而生之義務時，則應以強制方法促其履行（行政執行）。但若人民不服行政主體的行為時，應予救濟（行政救濟）。此外，人民有違法行為時，行政主體應予制裁（行政罰）。反之，行政主體違法侵害人民權利時，應予賠償（行政主體的損害賠償責任）。在一些情形中，行政主體的行為固然合法，但人民因此而生的損失仍宜予以補償（損失補償責任）。行政主體為發揮其功能，必須備置適當的人員（公務員），以及備置物以供自己使用或供人民使用（公物）。

基於以上所述，一般行政法應包括下列各方面的規定：行政組織、行政程序、行政行為、行政執行、行政救濟、行政罰、損害賠償及損失補償、公務員及公物。

目前我國一般行政法，並非以單一法典的形態呈現，而是以多數獨立的成文法與習慣法的形態出現。我國繼受西方的行政法與行政法學，為時甚晚，導致在一般行政法領域中，缺少完備的成文法。另外一方面，由於缺少有系統的研究，有關一些問題，是否在我國行政法領域中已形成習慣法以及其內容如何，也無法確定。成文法的不完備以及習慣法的不明確，促使學者與實務工作經常引進外國行政法上的規定及判例與學說中所形成的見解，來彌補缺失。在我國傳統一般行政法領域中，很難說已發展出一套周全的本土化理論。晚近蓬勃發展的繼受德國法制活動，逐步導致成文法典的出現，但德國法的內涵是否已被咀嚼消化並妥善地融入我國法制，則仍待觀察。但這種努力是值得肯定的。

行政法也可以分為形式法與實體法。所謂形式法是指有關行政組織及行政程序的規定，而實體法則是指直接規制不同生活領域的規定。

行政法可以區分為外部法與內部法。所謂外部法是指規制行政主體對外關係的規定，特別是與人民間關係的規定；而內部法，是指規制行政主

體內部關係的規定，如：機關與機關間關係、行政主體與機關人員間關係。

第二項　國際行政法

國際行政法是指，規制行政機關或司法機關，在處理具有涉外因素的行政事項時，應適用特定之外國法之規定。

對於具有涉外因素的事項，在理論上，有兩種規定能加以適用，即：本國法與外國法。換言之：本國法與外國法的適用，發生衝突。在此種情形中，國際行政法明定適用之規定，而解決了規定適用的衝突。因此，國際行政法在性質上是「衝突法」，而與國際私法性質相同。從另一個角度來看，國際行政法是針對具有涉外因素的事項，就應適用之規定為選擇及指定，因此，國際行政法在性質上又是「規定適用法」。

指定適用外國法之規定，可採用下列各種規範模式：

㈠命有關機關逕行適用外國抽象規定。

㈡命有關機關裁量決定是否適用外國抽象規定。

㈢命有關機關逕行承認外國判決或行政處分。

㈣命有關機關裁量決定是否承認外國判決或行政處分。

雖然國際行政法在基本上採用上述各種規範模式，但仍得對於應被適用之外國抽象規定與應被承認之外國判決或行政處分，加以限制。此種限制如下：

㈠與國際法相牴觸之外國抽象規定，不得被適用。

㈡外國抽象規定與該國較高位階規定相牴觸，且在此種情形中，該外國之機關得拒絕適用時，該外國抽象規定不得被適用。

㈢與國際法相牴觸之外國判決或行政處分，不得被承認。

㈣外國判決或行政處分與該國較高位階規定相牴觸時，該外國判決或行政處分，不得被承認。

㈤外國抽象規定與本國公序良俗或憲法相牴觸時，該外國抽象規定不得被適用。

㈥外國判決或行政處分與本國公序良俗或憲法相牴觸時，該外國判決或行政處分不得被適用。

國際行政法僅具有把外國法引入本國法領域的功能，而無把外國法轉化為本國法的功能。基此，本國行政機關或司法機關所適用的外國法，在性質上仍是外國法而不是本國法。但外國法因引入本國法領域，而成為本國法法源之一。

國際行政法雖然冠以「國際」兩字，但國際行政法並非國際法，而是國內法。因為，國際行政法是國家立法機關依立法程序所制定之規定，而非由國際法主體所產生的。其次，國際行政法並非對於特殊生活領域為規範，而是對本國行政或司法機關應適用之規定為規制，因此，國際行政法在性質上是銜接實體法的規定，因此它本身也是實體法。由於國際行政法並非是針對組織或程序的規定，因此它並非形式法。

第三節　行政法的公法屬性

大陸法系國家大都把其法秩序區分為公法及私法。而行政法是公法的一個部門。那麼，公法與私法如何區別？

區別公法與私法的標準，不下二十種，沒有一種區別標準，能把所有規定做明確的歸類。較重要的區別公法與私法的標準有四種：利益說、隸屬說（不平等位階說）、主體說及特別法說（修正主體說）。

利益說是以規定所保障的利益屬於公共利益或個人利益作為區別標準。凡以保障公共利益為目的的規定，屬於公法，凡以保障個人利益為目的的規定，則是私法。利益說仍然不能完全把所有規定做歸類。有些規定兼具公共利益及個人利益的目的。例如對於初次購屋者給予免稅的規定，即具有達成公共利益及個人利益之兩種目的。公共利益指促成人人有其屋的目的，個人利益指減輕購屋者的負擔。

隸屬說是以規制對象間的平等地位或不平等地位的差異為區別標準。

若規定是以其規制對象的不平等地位作為規制的基礎，該規定即是公法；反之，若規定是以其規制對象的平等地位作為規制的基礎，則該規定是私法。前者如：國家得對於人民徵稅的規定，後者如：民法中債的規定。隸屬說不能完全合理地把所有規定做區分，例如：民法親屬編中有關父母子女關係的規定，則是以父母子女的不平等地位為規制的基礎。他如：有關行政主體與行政主體間簽訂行政契約的規定，則是以兩者間的平等地位，作為規制的基礎。

主體說認為，凡是以公權力主體為規制對象的規定，屬於公法。析言之，公法大都以公權力主體之組織、任務、公權力行使以及其與人民間的關係為規制的內涵。反之，若一個規定是以非公權力主體，即私人，作為規制對象時，則該規定為私法。但有時私法亦適用於「公權力主體」，如：國家或地方自治團體得依據民法契約相關規定簽訂買賣契約。換言之，私法部分規定亦以「公權力主體」為規制的對象。此種情形如何解釋？一個合理的解釋是：私法並非著眼於公權力主體的「公權力」的性質來規制其相關問題，而僅是把公權力主體視為一個單純的主體，來規制其與其他私法主體間的生活關係。基此，私法規制的對象，雖亦兼及「公權力主體」但不影響其私法的性質。前述由主體說調整而來的主張，謂之特別法說或修正主體說。

特別法說已成通說，但其他三說仍然指出了公法的一些特質，因此在闡明一個規定是公法或私法時，仍然可以予以參酌。

第四節　行政法的法源

第一項　法源的意義及種類

第一目　概　說

　　行政行為是行政主體的行為，但是，此種行為並非平白而生，而是有所依憑，亦即：建立在特定的基礎上。行為所植基的基礎，謂之「源」。由於行為所植基之基礎，在性質上應具有法的性質，因此，行為所植基之基礎得進一步被稱之為「法源」。

　　法源既然是指行政所植基之法的基礎，那麼，凡非具有法之性質者，皆不可能成為法源，例如：道德、習俗、宗教教義、主義等等。其次，行政主體的機關，在基本上僅能適用本國法，只有在本國法有明文規定時，才能適用外國法。因此，在基本上，外國法不可能是法源之一。外國法既非法源，更遑論外國判例與學說為法源之一。同理，國際法非本國法，因此基本上國際法亦非行政法法源。但若外國法及國際法經國內法上的機制而使其得在國內法領域中為行政主體的機關所適用時，則亦為行政法法源。

　　得作為行政機關行為依據的法源，可分為兩大類：抽象性規定及具體性規定。前者包括了：憲法、法律、行政命令、自治規章、習慣法、法官法、引入國內法領域的外國法及國際法。後者包括了：行政處分、行政法院判決及具體性指示。引入國內法領域的外國法、行政處分、行政法院判決及具體性指示，在本書其他地方為說明，故此地不再贅述。

　　除了前揭屬於實證法性質的法源之外，尚有所謂的「一般法律原則」，行政程序法第四條特別指出此點。一般法律原則在性質上屬於倫理規範。「一般法律原則」一詞可能發生誤導，因為它有時是用來指稱其他的現象。

一般法律原則有時用來指稱一套規定或一個法秩序的基礎原則。另在國際法領域中，「一般法律原則」是國際法法源之一，但國際法中之一般法律原則，異於行政法法源中之一般法律原則。國際法中一般法律原則，是指各國國內法上都採用的規定（或原則）。為避免混淆，本書揚棄「一般法律原則」一詞，而改用「法基本原則」一詞。

第二目　憲　法

憲法是指由人民直接或間接（透過制憲代表）所制定的規定。此種意義的憲法，謂之形式意義的憲法。形式意義的憲法，通常都是以單一法典的形態出現，且其修改較為困難。實質意義的憲法，則指所有形成國家整體秩序的基礎性規定而言。除了憲法典（形式意義憲法）中規定外，一些規定也屬於實質意義的憲法，例如：選舉罷免法、地方制度法、有關五院及總統府之組織法規等。憲法除成文規定外，也包括了不成文規定在內。

憲法是一個國家的法秩序所植基的根本大法，是一個價值秩序，它是由一些基本的價值觀建構而成，例如：五權分立、地方自治、民主原則、法治國原則、社會國原則，人民的基本權利及自由及基本國策等。憲法中的基本規定都需要靠立法機關制定的法律來予以開展及具體化，特別是有關行政組織、行政行為以及人民基本權利及自由之限制等的規定。

另一方面，可以由憲法的基本原則演繹出進一步的原則或規定。例如：由法治國原則可以演繹出法律保留原則、比例原則等等，而由人民的基本權利可以演繹出人民對於行政主體的特殊請求權等。

憲法的位階高於其他法源。因此，行政機關在解釋各種法源時，應朝向符合憲法的方向為之。而憲法對於法秩序中漏洞的發現及漏洞的補充，也扮演重要角色。

第三目　法　律

法律是指由憲法所指定之立法機關，依立法程序所制定之規定。此種意義的法律，謂之形式意義的法律。基此，則不僅立法院所通過之法律案

為法律，立法院所通過之預算案、大赦案、戒嚴案等皆為法律。實質意義的法律，則指具抽象性質的規定。基此，實質意義的法律，不僅指立法院三讀通過之具有抽象性質的法律，同時也包括了法規命令、自治規章、習慣法等等。

法律常用「法」、「律」、「條例」或「通則」等名稱。

法律通常是針對不特定多數對象及不特定多數相類案件為規制，因此，法律具有一般及抽象的性質。但法律也可以針對特定人及具體個案為規制。此種法律，謂之個案法。所謂措施法，是為了因應特殊狀況而制定的法律。措施法有可能是一般抽象規定，也可能是個案法。

行政組織主要是由法律及憲法的規定予以形成。而有關行政組織職權行使的方法，也是主要由法律予以規制。涉及各種行政組織的規定，統稱為組織法。涉及行政組織職權行使的規定，統稱之為職權行使法，或作用法。前述各種法律基本上都是公法性質。

私法（特別是民法）也是屬於此地所稱之法律。但是，基本上私法僅是在行政機關作成私法行為時的準據法。私法（特別是民法）並非全面適用於公法領域。私法亦非公法之補充規定，亦即公法規定不足時，不得以私法之規定予以補充適用。私法與公法間，無此種關係。但在一些公法性質的規定中常有所謂的「準用」規定，亦即準用條款。此種準用條款的基本模式是：有關……，準用民法（或其他私法規定）相關之規定。此種準用條款是否意味著民法（或私法）對於公法是立於補充地位，而私法得適用於公法領域？若此項問題的答案是肯定的，則將完全抹殺公法與私法的區別，而與我國現行整體法律結構背道而馳。此外，公法與民法規制之對象不同，而規制的事項亦不同。因此，私法不可能與公法同時適用於同一事件。準用條款應從立法技術角度來了解。準用條款僅是一種立法技巧而已，使用準用條款，可節省一些（或許多）條文。公法中之準用私法之規定僅是指示有關問題之規定與私法上之相關規定內容相同，而適用法律者應斟酌私法上之規定，來確定公法中之規定為何。準用條款並非表明有關問題應直接適用「私法」（或民法）之規定。

　　雖然私法不能直接適用於公法領域,但公法可以借助私法來補其不足。換言之,當公法欠缺可適用的規定時,可借助私法的相關規定去發現一些原則來予適用。其方法有二:

　　㈠從私法規定中去發現整體法秩序所植基的基礎原則,再把此基礎原則適用於公法領域。

　　㈡把私法領域中的規定,類推適用於公法領域。

第四目　行政命令

　　行政命令是指由行政機關所制定的規定。行政命令分為二種: 法規命令、行政規則。以下就此二者分述之。

一、法規命令

　　所謂法規命令,是指行政機關基於法律的授權而訂定之規定。

　　依據權力分立原則,立法權應屬於立法機關。但立法機關得在法律中授權行政機關在特定範圍內訂定規定。基於此項授權而訂定的規定,即是法規命令。但是,立法機關不得為「空白授權」,亦即: 針對特定應予立法的事項,不予斟酌,而逕行授權行政機關來予規制。空白授權有違權力分立原則。其次,屬於法律保留事項,立法機關應為整體考量及擬定相關規定。立法機關在所形成的整體架構及規定之範疇內,可就特定之部分預留空白,授權行政機關訂定規定予以補充。立法機關所預留的空白,謂之授權範圍。

　　立法機關得在其所制定的法律中設定條文,表明授權的意旨。此即所謂的授權條款。立法機關應明確描述授權範圍,特別應就授權訂定的法規命令之內容、目的及範圍為描述。此即所謂的授權明確性原則。授權是否符合授權明確性原則,不僅應就授權條款為檢視,同時亦可從整個法律(授權條款所屬的法律)來為確定。

　　法律適用於一般人民,因此,補充法律而訂定的法規命令亦適用於一般人民。

法規命令因發布而生效。法規命令因下列原因而無效：

㈠法規命令內容逾越授權範圍。

㈡法規命令未具備法定生效要件，例如：未揭示授權依據。

㈢法規命令與上位階規定相牴觸。

法規命令因下列原因之一而失效：

㈠授權法律失效。

㈡授權條款失效。

㈢立法機關廢止法規命令或針對法規命令所規制事項自行立法。

㈣行政機關自行廢止法規命令。

法規命令得部分無效，但若法規命令部分無效導致全部無法適用時，則法規命令應全部歸於無效。

行政機關得將其立法權再授權予他機關，但是，再授權以原授權之法律有明文規定時，始得為之。反之，若法律沒有再授權的規定，而行政機關自為再授權時，基於此項再授權所訂定的法規命令應無效。

法規命令常用下列名稱：規程、規則、細則、辦法、綱要、標準、準則。

早期有所謂的特別命令。特別命令是指行政機關對於在特別權力關係中的人，所訂定的規定，例如：軍人、受刑人、公務員等。而行政機關訂定特別命令，不需要法律（形式意義）的授權。目前已無特別權力關係，而由特別行政法律關係取而代之。行政機關對於在特別行政法律中的人民訂定規定，仍需要法律（形式意義）的授權。因此，行政機關對於在特別行政法律關係中者所訂定的規定，在性質上屬於法規命令。

二、行政規則

所謂行政規則是行政機關基於本身的行政權及指揮權所訂定的規定。

行政權包含了組織權及業務處理權在內。基於組織權，行政機關得在法定之組織及職權範圍內，對於組織結構及職權分配為調整。所謂業務處理權，是指行政機關得自行斟酌如何執行其業務，包括了：法規的解釋及

適用、事實的認定、程序的形成等。而在法規的解釋及適用方面，包括了樹立不特定法律概念的判斷基準以及樹立裁量的基準。此外，行政機關為執行法律的需要，而可採取一些配套措施。

若行政機關就前述各項所形成的見解，訂為抽象規定並依指揮權下達於本機關內部及（或）隸屬機關，要求遵行，則是行政規則。

由前段所述來看，行政規則可以分為下列各種：

㈠法規解釋：闡釋法規的內涵。

㈡裁量基準：樹立為裁量活動時，應遵守的標準。

㈢判斷基準：樹立為判斷活動時，應遵守的標準。

㈣程序規定：對於內部作業程序的規定。

㈤組織規定：對於內部結構及職權調整的規定。

㈥執行法律的配套規定。

法律的「施行細則」為行政規則或是法規命令？就立法體例來看，法律經常會於末章揭示施行細則訂定的機關為何。由於法律在其條文（施行細則條款）中明白指定訂定施行細則的機關，因此一種可能的主張是：施行細則是法律授權訂定的，故為法規命令。但若進一步斟酌各種施行細則之內容，可以發現施行細則並不是在於補充某個法律規定預留的空白，而僅是為了達到執行法律之目的所訂定的配套規定而已。其次，施行細則條款也沒有明確地描述授權範圍。施行細則條款並非是訂定法規命令的授權規定，而僅是訂定行政規則之權責劃分規定，亦即，明白指出施行細則應由其指定之機關為訂定的意旨。至於被指定機關之訂定施行細則的權限，則是其本身的行政權及指揮權。因此，施行細則在性質上應屬於行政規則。

行政規則適用的對象包括了：行政機關、機關內單位、機關人員。地方自治團體在執行委辦事項時，是立於「機關」的地位。因此國家機關所訂定之行政規則亦適用於地方自治團體——當然僅於執行委辦事項時。

行政規則規制的對象不包括人民。行政規則不是人民應遵行的規定，而是行政機關應遵行的規定。但是，人民得透過憲法上平等權的規定，要求行政機關遵行行政規則的規定，特別是判斷基準與裁量基準。依據人民

的平等權，行政機關所做的決定，不得背離以前依據行政規則所形成的實踐。當然，若有合理的理由，則不受此限制。此即所謂的自律原則。質言之，由平等權可以演繹出自律原則。由於人民可透過平等權或自律原則要求行政機關遵行行政規則，因此，在德國學說中稱此種情形為行政規則的「對外效果」。但「對外效果」一詞並非指陳行政規則是以人民為規制的對象。

行政規則因下達而生效。但若行政規則的内容「影響」人民權義時，則應同時予以發布周知。

行政規則因效期屆至、廢止或基於後法排斥前法原則而失效。

第五目　自治規章

所謂自治規章是指公法團體（公法社團、公法財團、公營造物）基於自治立法權所制定的規定。公法團體有否自治立法權，應視憲法及法律的規定。若公法團體沒有自治立法權，則僅能執行國家法令。反之，若公法團體有自治立法權，則可自行制定各種自治規章，並予執行。

自治立法權僅能針對公法團體的自治事項為規制。但是，自治規章僅能對於下列人為規制：公法社團的社員、公法財團的用益權人、公營造物的使用人。若自治事項涉及人民之權利義務，則必須要有法律的授權。

自治規章得依其產生的公法團體的差異分為下列各種：公法社團自治規章、公法財團自治規章、公營造物自治規章。地方自治團體為公法社團的形態之一，但其所制定之自治規章可稱之為地方自治團體自治規章，簡稱為：地方自治規章。

地方制度法把地方自治團體立法機關所制定之規定，統稱之為「自治條例」，地方自治團體行政機關所訂定者，統稱之為「自治規則」，兩者統稱為「自治法規」。

第六目　習慣法

習慣法是指由習慣所產生的規定。所謂習慣，是指共同一致的行為。

但是,光有習慣尚不足以產生習慣法。習慣必須伴隨法的信念 (opinio juris),才能產生習慣法。

習慣法是原始的法源,通常都發生在制定法尚未產生或尚未完備之時。若制定法已形成一套完整的系統時,習慣法大都退居於補充的地位,甚至於無立足之地。

習慣法有可能在違反制定法的情形下產生。若制定法在執行上有困難或有違正義原則,則可能被拒絕遵行。此時為填補空缺,即可能產生習慣法。而新產生的習慣法排除原來的制定法。

學界有一種發展傾向,即:否定習慣法的存在,而將所謂的習慣法視為法官法。此種主張主要是著眼於法官識別習慣法的過程而來。由於習慣法沒有成文形式,因此,法官欲適用習慣法,必須先行確認習慣法之存在及其內容。基此,習慣法不外是法官加以「認定」之規定,亦即:法官所造的法。前揭主張顯然把習慣法的「產生」與「適用」加以混淆。若把此說繼續擴張下去,則本書所揭各種法源都可能喪失法源的性質,而僅有經過法官加以適用者才是法源,結果法源只有一種,即:法官法。

早期有關行政法總則部分缺乏制定法,因此在此範疇中的規定,有些應是具有習慣法的性質。近年因大量繼受德國法制,而致制定法逐漸取代習慣法的地位。

第七目　法官法

所謂法官法,是指法官在適用規定的過程中,所創設的規定。依據「禁止拒絕適用法律原則」,法官必須適用規定來作成決定。但各種規定並非盡善盡美,而是隱含漏洞。法官欲把規定適用於事實,作成決定,勢必要補充漏洞。法官因補充漏洞而提出的見解,是屬於法官所造的法,亦即:法官法。

法官法是法官在個案中所造的法,僅對於個案有拘束力,對於一般司法機關、行政機關及人民皆無拘束力,但具有參酌的價值。若一個法官法被持續採用,是否因此而具有普遍的拘束力?若從法安定性或正義原則的

角度來看，答案應是肯定的，但若法官法的適用會產生不合理的結果時，則仍應予揚棄，不予適用。

另一方面，行政法院組織法創造了一個完全不同意義的法官法。依據行政法院組織法第十六條規定，最高行政法院得把最高行政法院判決中之法律見解指定為判例，而使其具有普遍的拘束力。法院組織法第五七條也規定，最高法院得把最高法院判決中法律見解指定為判例，而使其具普遍的拘束力。經由此種指定程序的法律見解，即是我國法制上獨特的法官法。當然，前述法官法亦得由原指定之最高行政法院或最高法院予以變更，使其喪失拘束力。

第八目　國際法

國際法在國內法領域中，不可能直接被適用或遵行。國際法必須經過「引入」，始得在國內法領域中被適用或遵行。基此，此地所謂之國際法是指已經引入於國內法領域的國際法而言。

國際法的法源有三：習慣法、條約法、一般法律原則。一般法律原則是指各國國內法所共同採用之法律原則。因此，一般法律原則沒有引入的問題。條約法與習慣法則需要引入於國內法領域。如何引入，各國法制不一。依據德國法制，習慣法由德國基本法第二五條引入。條約法則由法律或由行政命令予以引入。

依據我國憲法規定，條約若由總統代表國家締結時，則該條約應先經立法院之同意。此項同意即具有將條約引入國內法領域的功能。若條約係由行政院或相關部會代表國家締結時（即所謂的「行政協定」），則不必經立法院的同意。此時行政協定由行政院或相關部會以行政規則命各級相關機關遵行。此項行政規則把行政協定引入於國內法領域。至於國際習慣法如何引入國內法領域，則有問題。因為我國憲法缺少類如德國基本法第二五條的「引入規定」。在理論上，恐怕只能在不成文憲法（即：憲法習慣法）的領域中，設法證明有一規定存在，而此規定把國際習慣法引入於國內法領域。

第九目　法基本原則

所謂法基本原則，是指倫理規範，法基本原則並非實證法。法基本原則，如：正義原則、尊重人性、基本人權、誠信原則、平等原則、自律原則、法安定性原則、禁止權利濫用原則、合意應予遵守原則等等。

法基本原則通常由學者、司法機關或行政機關予以識辨出來。法基本原則對於實證法的解釋、適用及續造，具有指導及輔助的功能。而法基本原則也對於立法具有指導的功能。換言之，法基本原則不僅適用於司法及行政機關，也適用立法機關。

不可諱言，有些法基本原則也進入實證法，而成為實證法的一部分，例如：憲法第七條即反映了平等原則，行政程序法第七條成文法化比例原則。

第二項　法源的效力範圍

效力範圍是指法之效力所及之範圍。法之效力所及範圍應從其所規制之人、時、地、物四個角度來確定，亦即：人之效力範圍、時之效力範圍、地之效力範圍、物之效力範圍。

時之效力範圍始於公布，亦即，公布日為生效日。但若有特別規定時，從其規定。例如：中央法規標準法第十三條規定，凡法明定自公布或發布日施行時，則以自公布或發布之日起算之第三日為生效日。又依同法第十四條規定，若法特定有施行日或以命令定施行日時，則以施行日為生效日。

法的時之效力範圍的終止，依下列方法：

㈠法本身所預定的生效期限屆滿。

㈡由法制定機關或其他有權機關予以廢止。

㈢依後法排斥前法原則，前法喪失效力。

㈣法所規制之事項，已經不存在。

「適用」的概念異於效力。適用是指，依據法來評定事實之法律效果。

評定事實之法律效果，基本上應依據事實發生時生效之法。換言之，在法生效期間發生的事實，應依該法來評定其法律效果。因此，法不適用於在其生效前發生的事實。此即所謂的「禁止溯及既往」原則。

禁止溯及既往原則係植基於法律安定性原則或信賴保護原則。禁止溯及既往原則可分兩種情形：

㈠甲事實發生於 A 規定生效期間，甲事實應生之法律效果當然應依 A 規定來確定。若後來 A 規定被 B 規定所取代，則不得以 B 規定來確定甲事實所引起的法律效果並以此完全取代該事實在發生後依 A 規定所生的法律效果。

㈡甲事實發生於 A 規定生效期間，甲事實依 A 規定來確定其所生的法律效果。若後來 A 規定被 B 規定所取代，則不得依 B 規定來確定甲事實在 B 規定生效日之後的法律效果、並排除甲事實原來依 A 規定所生法律效果的持續進行。

前揭兩種情形，皆是禁止把新規定適用到過去發生的事實來判斷其應生的法律效果。兩者的差異則是：在㈠的情形中，是禁止把依新規定所生的法律效果，視為自事實發生後，其應有的法律效果。在㈡的情形中，是禁止把依新規定所生的法律效果，視為自新規定生效後，事實所應有的法律效果。

前揭㈠之情形可稱之為狹義的禁止溯及既往原則，前揭㈡之情形，則是禁止即時適用原則。兩者可合稱為廣義的禁止溯及既往原則。

在一些特殊的情形中，法律仍應溯及既往適用，例如：

㈠在舊法存立期間，人民已預期會制定新法來取代舊法。此時，新法得溯及既往適用。

㈡舊法不明確、混亂，有缺失或違憲，新法得溯及既往適用。

㈢若溯及既往僅會對人民造成輕微不利影響，甚至不會造成不良影響，有關之法得溯及既往適用。

㈣基於公共利益的考慮，法得溯及既往適用。

法是否溯及既往適用，應由法的制定者予以決定。適用法的機關，應

依立法者之意思而為適用規定，不得自為決定是否溯及既往。若立法者認為法應溯及既往適用，則應於法中明白揭示此旨。若法未明示此旨，則不得溯及既往適用。

如前所揭，法適用於生效之後發生的事實，而不適用於生效之前發生的事實。此地所謂的事實，是指開始及結束皆發生於生效之前的事實而言。開始於新法生效前但結束於其生效後之事實，則仍屬發生於新法生效前的事實。此種事實應否適用新法，亦依前段所述原則處理。

憲法是所有規定的基礎。因此，若憲法喪失效力，其他規定皆應喪失效力。惟基於法安定性原則，新憲法的立憲者得決定讓舊憲法之下的規定繼續發生效力。當然，在基本上，得繼續發生效力之舊法，以不與新憲法相牴觸者為限。

法的地之效力範圍為何，法本身會明確規定。但原則上，法的地之效力範圍，不得逾越制定法之行政主體的土地管轄範圍。

法的物之效力範圍，應依法之內容而為確定，但原則上不得逾越制定法之行政主體的事務管轄範圍。

法的人之效力範圍，法本身會明確規定。法經常利用不同標準，來確定其人之效力範圍，例如：

㈠以法的地之效力範圍，來確定其人之效力範圍。換言之：凡在地之效力範圍內者，皆屬法規制之對象。

㈡以人的某種特性，來確定法的人之效力範圍，例如：社員身分、本國籍等等。前者如：公法社團法人之自治規章適用於其社員，後者如：國家法律適用於本國人、本國公司等。

第三項　法源的位階關係

各種法源的地位，並非完全「平等」，而是有其相互間的上下位階關係。此種位階關係，得依據位階理論來確定。位階理論以下述觀點作為立論的出發點：一個規定的產生是植基於另一規定。析言之，一個規定規制了另

一規定產生的機關、程序及拘束力。前者為上位階規定，後者為下位階規定，或稱上位階法源與下位階法源。例如：法律（形式意義）是由憲法規制之機關及程序而產生，而其拘束力亦是立基於憲法，因此，憲法對於法律來說，是上位階法源，而法律則是下位階法源。同理，法律（形式意義）是上位階法源，而法規命令是下位階法源。

但法源位階關係僅靠位階理論，尚不足以竟全功。有時尚須以其他方法來確定法源間的位階關係。例如：比較參證有關之規定的內容來確定其位階關係。此外，法源本身有時也會明白揭示其與特定法源間的位階關係。例如，憲法明文規定，法律（形式意義）優於行政規則（憲法第一七二條）。

幾種法源的基本位階關係如下：

㈠憲法優於法律、行政命令、自治規章。

㈡法律優於行政命令及自治規章。

㈢習慣法的位階，視其規範的事項而定；若其規範的事項應屬某成文法法源之規範事項範圍，則該習慣法之位階與有關之成文法法源位階相同。

㈣引入為國內法之條約法的位階，原則上應同於或高於引入規定的位階。經立法院同意而引入之條約，其位階應高於或同於法律。以行政規則引入之行政協定，其位階應同於或高於行政規則。一個合理的主張應該是，經由立法院同意引入之條約的位階，應高於法律。如此才不會因法律的新定或修定而致條約被排除適用（後法排斥前法）。同理，以行政規則引入之行政協定的位階，應高於行政規則。

㈤由憲法中之習慣法引入的國際習慣法的位階，應高於法律，但低於憲法。如此才能避免因新法律的制定而排斥國際習慣法的適用。

第四項　法源的解釋

行政法的法源可以分為成文法與不成文法。不成文法的內涵必須予以認定，成文法的內涵則必須經由解釋予以發現。

解釋是以文字為出發點，探求文字應有的內涵為何。解釋的結果不能

逾越文字所形成的框架。此外，解釋應配合當前社會的客觀狀況為之。

　　傳統的解釋方法有：文義解釋、目的解釋、系統解釋及歷史解釋。所謂文義解釋，是指從文字在上下文中的關係來了解其意義。法律術語或由其他領域借用的專門術語，則應斟酌其原來的意義。所謂目的解釋，是指從規定的立法目的來了解其意義。基於立法目的，有時會對於規定文字所涵蓋的範疇予以限制或擴張，此即所謂的限制解釋及擴張解釋。所謂系統解釋，是從規定在整套法典中所處位置來了解其意義，或者從相關規定來了解其意義。所謂歷史解釋，是從規定產生過程中的歷史文獻來了解其意義，例如：立法機關中討論記錄、規定的草案等等。

　　若行政機關或司法機關在解釋規定時發現漏洞，則應予補充，即漏洞補充。漏洞補充方法，由行政機關或司法機關判斷為之，或以類推適用、目的限縮或目的擴張為之。舉重以明輕或舉輕以明重皆屬類推適用的型態。規定間發生矛盾，以下列原則處理：

　　㈠後法優於前法。

　　㈡上位階法優於下位階法。

　　㈢特別法優於普通法。

第五節　行政法律關係

第一項　行政法律關係的意義

　　所謂法律關係，是指基於法律而生之存在於特定主體間的權利義務。法律關係的概念是以權利義務為內涵。法律關係係基於法律而產生；沒有法律，就沒有法律關係。而法律包括抽象規定與具體規定。前者如：法律（形式意義）與法規命令；後者如：判決，行政處分。

　　法律關係可能僅由法律關係主體一方之單一權利或義務所形成，也可

能由一方之多數權利和（或）義務所形成，也可能由雙方單一權利或義務或多數之權利和（或）義務所形成。同一法律關係中之權利義務，必須要有關連性，否則應形成多數法律關係。

　　行政法律關係是法律關係的一種。那麼，行政法律關係與其他法律關係如何區別？若我們著眼於法律關係的主體，則行政法律關係是指介於下列主體間之法律關係：一方是行政主體或行政機關，另一方則是行政主體、行政機關、機關人員、或私法主體。介於私法主體之間的法律關係也可能是行政法律關係。例如：行政院農業委員會漁業署因臺電公司申請而徵收貢寮漁會之專用漁業權。基於此徵收，臺電公司與貢寮漁會就補償金額及支付方式簽訂一項意思合致。由於該意思合致所規制的事項，是屬於行政法（漁業法）所規制的事項，因此，該意思合致必然是公法性質。基此，該意思合致不可能是民法上契約，而是行政契約。基於行政契約而生的法律關係，是行政法律關係。

　　行政法律關係可能是植基於公法，也可能是植基於私法，但極大部分之行政法律關係是植基於公法。基上，行政法律關係在性質上，有可能是公法關係，也可能是私法關係。前者如：公務員關係；後者如：植基於私法契約而形成之公物使用關係。但在私法主體之間的行政法律關係不可能是私法性質，而只有公法性質。

第二項　行政法律關係的種類

依據行政法律關係主體的差異，可將行政法律關係分為下列各種：

一、行政主體與其成員間的法律關係

　　所謂行政主體與其成員間的法律關係，係指國家與其國民，地方自治團體與其居民，公法社團與其社員間的法律關係。例如：國民對國家有繳納賦稅的義務；國民有請願的權利；國民有公物使用權；地方自治團體居民有公共設施使用權。

二、行政主體與行政主體間的法律關係

所謂行政主體與行政主體間的法律關係，是指國家、公法社團、公法財團、公營造物相互間的法律關係。例如：國家對於地方自治團體有監督權；地方自治團體對於國家享有自治權、立法權等等。他如：行政主體相互間簽訂行政契約而產生權利義務。

三、行政主體與其行政機關間的法律關係

行政主體與其行政機關間的法律關係，例如：行政主體有設立、裁併及變更行政機關之權利；行政機關有代表其所屬主體為行為之權利；行政機關有不逾越職權為執行之義務。

行政主體與受託人間的法律關係，亦屬此地所揭的法律關係。因受託人在受託範圍內，視為委託行政主體的機關。受託人有代表行政主體之權利；受託人有在受託範圍內為執行的義務；委託行政主體在受託範圍內對受託人有指揮權及監督權。

四、行政機關與行政機關間的法律關係

行政機關與行政機關間的法律關係，例如：上級機關對下級機關有指揮權及監督權；被請求機關對於請求機關有行政協助之義務。此外，行政機關亦得簽訂行政契約，而產生各種權利義務。

五、行政機關與機關人員間的法律關係

行政機關與機關人員間的法律關係，例如：機關對於本機關所屬人員或所屬下級機關人員，在職務執行方面，有指揮權與監督權。

六、行政主體與機關人員間的法律關係

行政主體與機關人員間的法律關係，例如：公務員對於國家有薪俸請求權；公務員對於國家有忠誠的義務；行政主體對於公務員有不得任意免

除其職務之義務。

在行政法律關係中，存有一些特殊的法律關係：資助關係、公法寄託關係、公法無因管理關係及公法不當得利關係。而公法寄託關係、公法無因管理關係及公法不當得利關係是類推適用民法相關規定而生的法律關係。由於此種行政法律關係的結構與標的與民法債的關係相類，因此被稱之為公法債的關係。以下就前揭各種法律關係，分述之：

一、公法寄託關係

所謂公法寄託關係，是指因行政主體收領人民的動產或人民收領行政主體的動產而為保管，所生的法律關係。

在理論上，公法寄託關係得基於下列三種模式之一而發生：

㈠行政主體與人民簽訂行政契約，基此契約而收領動產。

㈡行政主體為行政處分，基此行政處分而收領動產。

㈢事實上收領動產。

公法寄託關係的消滅原因是：寄託物返還，寄託物毀滅，寄託期限屆滿及其他法定理由。

受寄人之義務如下：

㈠保管寄託物之義務。

㈡不得使用或使第三人使用寄託物之義務。

㈢寄託物返還義務。

寄託人有請求返還寄託物之權利。受寄人（人民）因寄託物之性質或瑕疵，而致權利遭受損害，得向寄託人請求損害賠償。

二、公法無因管理關係

所謂公法無因管理關係，是指未受委任或無其他法律上原因，而管理他人公法上事務，而產生的法律關係。公法無因管理有下列各種形態：

㈠**行政主體管理他行政主體的事務**：例如：在新北市境內的淡水河堤崩塌，臺北市派員加以修理。

㈡**行政主體管理人民的事務**：例如：私立醫院對於其發生核子輻射外洩之核子醫療設備，無力採取補救措施，而由行政主體採取有關補救措施。

㈢**人民管理行政主體的事務**：例如：軍用油罐車漏油，附近私人工廠派員封閉漏油管線並清除洩出之油污。

㈣**人民管理其他人民的事務**：例如：甲因出國致不能依主管機關之行政處分拆除違建，鄰居乙替甲為拆除。

管理人有為適當管理的義務。管理人有費用償還請求權。但此項請求權以管理人之管理不違背本人意思及有利於本人為條件。所謂「有利於本人」，是指「助本人完成公法上之義務」而言。而「本人意思」則是指「本人對於完成其公法上事務之方法的想法」而言。

三、公法不當得利關係

所謂公法不當得利關係，是指無法律上原因獲得利益，而致他人遭受損害所產生的法律關係。

公法不當得利與私法上不當得利，在基本上，都是指特定主體獲得利益，而致他主體遭受損失。此外，兩者皆以「無法律上原因」為要件。因此，公法不當得利與私法上不當得利如何區分，滋生疑問。公法不當得利與私法上不當得利的區別標準是「想像之原因」。析言之：不當得利固然是以無法律上原因為要件，但吾人得就發生之事實（一方獲利，他方遭受損失）來推想若有法律上的原因的話，其可能的法律上原因為何。若此種推想的法律上原因屬公法性質，則有關之不當得利為公法不當得利。若推想之法律上原因屬私法性質，則有關的不當得利為私法性質。不當得利受領人負有返還受領利益之義務。

公法不當得利的形態有三：

㈠**行政主體獲致利益，人民遭受損失**：例如：人民溢付稅款；基於一項無效的徵收，致行政主體（受益人）取得人民之房屋。

㈡**人民獲致利益，行政主體遭受損失**：例如：行政主體溢退稅款；

行政主體溢付薪俸。

㈢**行政主體獲致利益，他行政主體遭受損失：** B 為甲地方自治團體的居民，應向甲地方自治團體申請補助，而今 B 誤向乙地方自治團體申請補助獲准，且因此而受給付。此例中，甲地方自治團體獲致利益，乙地方自治團體遭受損失。

四、資助關係

所謂資助關係，是指行政主體因支持私法主體（自然人及私法人）達到特定公益目的，對其所為具財產價值之給付，所發生的法律關係。

理論上，資助關係的形成，有下列兩種模式：

㈠行政主體以行政處分或行政契約方式，作成資助之同意。行政主體進一步就行政處分或行政契約而生之義務為給付。此項給付係公法上的義務履行行為。

㈡行政主體以行政處分或行政契約方式，作成資助之同意。其次，由行政主體本身或其委託之私法主體（如：銀行）與受資助人完成私法上之法律行為（如：借貸契約）。行政主體或其委託之私法主體，進一步就私法上法律行為而生之義務為給付。

上揭㈡之模式，即所謂的「二階段理論」，資助關係由公法上行為與私法上行為共同形成。

早期所稱的特別權力關係，是指人民與國家間的關係。特別權力關係的特質是，法不適用於特別權力關係之中，換言之，特別權力關係是「法外空間」。在特別權力關係中，國家得任意加諸人民各種束縛。基於人民的基本權利及法律保留原則的要求，特別權力關係已無存在的可能。特別權力關係必須植基於法，亦即是法律關係的一種。基此，在學說中已出現新的用語，來代替「特別權力關係」一詞，例如：「特別法律關係」、「特別行政法律關係」、「特別行政關係」及「行政法特別關係」等。本書採用「特別行政法律關係」。

特別行政法律關係，基本上是人民與國家或其他行政主體間的法律關

係。在此關係中，人民基本權利受到較多的限制以及承受更多的義務。特別行政法律關係的存在，有其要達成的目的。基於此項需求，使人民承受較大的羈束。特別行政法律關係，如：兵役法律關係、公務員法律關係、受刑人法律關係、營造物使用法律關係等等。

第三項　行政法律關係的內容

行政法律關係的內容即權利與義務，此種權利義務可能是實體法上的權義，也可能是程序法或組織法上的權義。此種權義可能是法律關係主體單方面持有，也可能是法律關係主體的對方同時也持有相對的權義。義務可能僅需一次之履行，也可能需要持續多次的履行。

權利義務的內容，十分歧異，例如：

㈠**與權義主體特殊身分有關之權利義務**：公務員有向國家請求薪資的權利；受刑人於釋放時，有要求交還保管財物之權利；受刑人有接受教化之義務；受刑人有不得用煙酒的義務。

㈡**以作為或不作為為內容的權利義務**：施工中建築物危害公共安全時，起造人應修改建築物；在水污染管制區中，不得使用毒品捕殺水生物；認領非婚生子女者，應為認領登記；人民有請願權；住戶有容忍行政機關因救護人命而侵入其住宅之義務。

㈢**以具有財產價值之給付為內容之權利義務**：撫養非婚生子女之生母，得向縣市政府申請補助；軍人遺族得向國家要求給予撫卹金；各種規費繳納義務；各種稅之繳納義務。

㈣**以物之使用為內容之權利義務**：有關各種供諸公眾使用之物之權利和義務，例如：人民對於馬路的使用權；漁業權人對於公共水域的漁業權。

公法領域中之權利也可以分為請求權，支配權及形成權以及其他權利形態。例如：公營造物對於營造物的支配權及管理權，行政主體廢止行政處分的權利，人民的徵收補償請求權及國家賠償請求權。而人民對於行政主體的特殊請求權，是請求權的一種。前述各種權利在本書其他地方已為

說明。在下文中則對於人民的結果排除請求權為說明。

　　所謂結果排除請求權在性質上亦屬公法請求權。所謂結果排除請求權，是指人民得向行政主體要求排除其不法侵害所造成的狀態，進而恢復原狀之權利。例如：

　　㈠徵用民房之合法行政處分期限屆滿，致使繼續使用民房成為不法佔用。屋主對行政主體有排除不法佔用之請求權。

　　㈡徵用民房之行政處分，因違法而被撤銷。若行政主體仍繼續佔用，則屬不法。屋主對於行政主體有排除不法佔用之請求權。

　　㈢無法律上的理由，拆除房屋。屋主得請求行政主體恢復原狀。

　　㈣行政主體因修築馬路，而把民地納入馬路範圍。地主得向行政主體要求恢復原狀。

　　結果排除請求權是由法治國原則演繹出來的權利。但若法對於特殊案件類型有特別規定時，則應優先適用此特別規定。

第四項　行政法律關係的發生

　　如前所揭，行政法律關係的內容是權利及義務。而權利及義務則植基於規定。規定採用不同的模式，來產生權利義務。

　　首先，規定直截了當規制：某主體有某權利或義務。例如：食品業者應於包裝上標示成分；僱主不得僱用十五歲以下兒童。規定也經常設定一些條件，在此條件下，才使特定權利或義務發生。例如：父母因子女出生而有辦理出生登記之義務。

　　其次，規定也經常不直接設定權利義務，而是規制經由特定之「媒介」而發生權利義務。此種「媒介」包括了：單方意思表示、意思表示合致、多數相同意思表示（合同行為）、觀念表示及其他行為。析言之：

　　㈠規定讓由特定主體單方面的意思表示，引發權利義務。此種權利義務之內容及範圍，有些由規定予以規制，有些則由表示的主體予以確定。例如：行政處分、承諾等。

㈡規定讓由兩個或兩個以上主體之意思合致引發權利義務。此種權利義務之內容與範圍，有些由規定予以規制，有些則由表示的主體予以確定。例如：行政契約。

㈢規定讓由合同行為引發權利義務。此種權利義務的內容及範圍，大多由規定予以明定。例如：選舉、表決等。

㈣規定賦予特定主體之觀念表示（非法效的表示），特定之權利義務。此種權利義務的內容與範圍，完全由規定予以規制。例如：通知（若規定特別賦予其特定的法律效果）。

㈤規定賦予非屬意思表示及觀念表示之行為，特定之權利義務。例如：無因管理等。

得依據規定以意思表示、觀念表示或其他行為，引發權利義務者，為有行為能力者。此種行為能力異於法律行為能力。後者是指得以意思表示引發權利義務之能力。後者涵蓋於前者範圍內。在我國法學界，常將法律行為能力稱之為「行為能力」，而致法律行為能力與行為能力相互混淆。因此，在我國法學界中常用的「行為能力」一詞，實宜避免使用，而改用法律行為能力。

「誰」有行為能力或法律行為能力，應依有關的規定為決定。行為能力或法律行為能力，並非先於規定而存在，而是規定規制的結果。其次，各套法律秩序（例如：民法或行政法）確定法律行為能力有無之標準，亦不相同。因此，民法上法律行為能力之標準，不可逕予適用於行政法領域中。行政法上法律行為能力之有無，應依行政法本身而為決定。當然，有時行政法上法律行為能力之有無，以民法上法律行為能力之有無作為判斷的標準。但此種立法技巧並不表示民法上法律行為能力之標準得直接適用於行政法領域。

權利能力的概念，異於行為能力及法律行為能力。所謂權利能力，是指享受權利負擔義務之能力。權利能力亦非是先於規定而存在之能力，而是法所規定的結果。享有權利能力，是享有行為能力及法律行為能力的先決條件；沒有權利能力者，不可能享有行為能力及法律行為能力。行政法

上權利能力之有無，應就行政法本身的規定而為決定，而不應依民法上權利能力有無之標準而為決定。

　　權利能力僅指能享受權利負擔義務的資格，至於享受權利及負擔義務的多寡，則非所問。因此，僅能享有一個權利或負擔一個義務者，為有權利能力，而能享有或負擔多數權利義務者，也是有權利能力。

第五項　行政法律關係的變動與消滅

　　所謂行政法律關係的變動，是指權利義務之歸屬主體發生變動。而權利義務歸屬主體的變動，不外經由轉讓或繼承。

　　原則上，權利與義務不得「任意」轉讓與繼承，而應視有關的規定而定。而各個規定所採用的模式，不外下列兩種：

　　㈠允許權利義務整體或單一之權利或義務轉讓或繼承。

　　㈡禁止權利義務整體或單一之權利或義務轉讓或繼承。

　　若有關規定未為規制，則應視有關之權利或義務是否具有「高度屬人性」。若有關之權利、義務具有高度屬人性，則該權義不得轉讓或繼承，反之，則可。所謂高度屬人性，是指權利、義務之發生，係以有關權義主體的個人之條件為依據，即是因為「他」而產生權利與義務，否則不會發生權利與義務，亦即，權利義務專屬於特定人。

　　行政法律關係消滅的原因，基本上應與產生的原因相對稱。例如：若產生行政法律關係的原因是法律（形式意義），則消滅該行政法律關係之原因，亦應是法律（形式意義）。又若產生行政法律關係之原因是行政處分或行政契約，則消滅該行政法律關係之原因，亦應是相同者。

　　行政法律關係因法律關係主體的消滅而消滅。若行政法律關係是植基於行政處分，則因行政處分的失效而消滅。

　　行政法律關係中之公法性質權利義務，得因下列原因而消滅：

　　㈠履行：義務因履行而消滅。請求權因權利相對人履行義務而消滅。

　　㈡抵銷：兩個給付種類相同之兩個義務，因義務人一方向他方表示同

歸消滅而致不存在，謂之抵銷。抵銷是公法上法律行為。兩個義務之給付種類相同即可抵銷，至於義務是否同屬公法性質，則非所問。因此，若公法義務之給付種類與私法義務者相同，亦得抵銷。例如：甲於星期日私自將服務機關之車輛開出郊遊。途中發生車禍，車子受損。甲因此應依民法侵權行為規定，向其服務機關負損害賠償責任。甲之服務機關向甲表示，以甲之年終獎金抵銷賠償金額。

㈢**拋棄：**因權利主體表示願喪失其權利，致權利喪失，謂之拋棄。

㈣**除斥期間：**因權利（形成權）主體在特定期間內不行使權利，致權利喪失，謂之除斥期間。

除前述者外，權利（請求權）主體在特定期間內不行使權利，權利相對人即發生抗辯權，亦即：得拒絕權利人權利的行使，此種情形謂之消滅時效。消滅時效制度不會使請求權消滅，但卻使請求權無法獲得實現。惟行政程序法第一三一條第二項規定：「公法上請求權，因時效完成而當然消滅。」另，依據行政程序法第一三一條第一項的規定，於請求權人為行政機關時，消滅時效為五年，於請求權人為人民時，消滅時效為十年，但若法規有特別規定時，從其規定。

第六節　一些行政法的特別問題

第一項　依法行政原則

所謂依法行政原則，是指行政應受法的約制。依法行政原則包含兩個原則：法律優先原則及法律保留原則。法律優先原則與法律保留原則是由民主原則、權力分立原則、法治國原則及人民基本權利所演繹出來的。以下就此兩個原則分別說明：

一、法律優先原則

　　法律優先原則，是指行政機關之行為不得違反法律，亦即應在法律的範疇內為行為。若法律明文規定應或得為之行為及條件，此時行政機關必須依據法定的條件來為相關的行為（羈束行政、裁量行政）。有時行政機關雖然沒有法律的授權，但仍得為行為（自由行政），但行政機關所為的行為仍不得違反相關的規定。前揭所稱行為主要指行政機關對外（向行政系統外部的主體）所為的行為，其中包括依公法及私法所為的行為，但該行為亦包括在行政系統內部所為的行為，例如：行政規章、委任、行政協助等。

　　法律優先原則所稱的「法律」，不是僅指立法機關所制定的法律（形式意義），也包括了法律（形式意義）所植基的憲法及基其所生的法規命令與自治規章。習慣法是配合前述各種法源（制定法）而存在的法源，具有輔助的功能，而不可或缺，因此，習慣法也是前揭「法律」所涵蓋的範疇。

　　行政程序法第四條規定：「行政行為應受法律及一般法律原則之拘束。」該條揭示了法律優先原則的意旨。但該條把「法律」與「一般法律原則」並舉，顯見兩者不同。「法律」一詞是指前揭的制定法（憲法、法律、法規命令及自治規章）與習慣法，而「一般法律原則」則指制定法及習慣法以外者，即實證法以外者。一般法律原則是指倫理規範，本書稱之為法基本原則。

　　行政機關僅受有效法律的拘束，那麼，行政機關得否審查其所適用規定是否有效，以及拒絕適用無效的規定？行政機關享有形式的審查權，亦即得審查規定的公布或發布有否嚴重及明顯的瑕疵，例如：公布或發布機關錯誤，公布或發布的登載地點錯誤。若有，則得予以拒絕適用。形式的瑕疵之外者，皆屬實質瑕疵，例如：法規命令欠缺授權依據，下位階規定與上位階規定相抵觸，法規命令未在公布前依規定經上級機關核定等等。早期見解認為，行政機關無實質審查權，另一見解認為，行政機關得審查規定是否有效，但不得拒絕適用無效的規定。晚近的見解則認為，行政機關得審查規定是否有效以及拒絕適用無效的規定。

二、法律保留原則

所謂法律保留，是指凡是憲法保留給立法機關為決定的事項，即以法律為規制的事項，行政機關即不得自為決定，而僅能遵守法律的規定或依法律規定而為執行。法律保留原則的涵蓋面有多大？採「全部保留」見解的主張認為：行政所涵蓋的範疇皆應由法律予以規制。另一種主張則認為：在國家與人民關係中之重要事項，皆應以法律予以規制。此種事項，如：

1. 對於人民基本權利的限制以及進一步落實基本權利的相關規定。

2. 對於人民已享有之權利的限制以及加諸人民義務。

3. 在供給行政範疇中，若對於特定人為有利的行為，但此行為同時對於第三人發生不利影響時，則該行為即屬於重要事項。例如：行政機關給予特定企業資助，使該企業的競爭力在市場上更具優勢，而對於其他企業發生不利的影響時，該資助行為即屬重要事項。此種資助行為應由法律予以規範。若行政機關對於地震受災戶提供生活上的濟助，則對於第三人不會發生不利的影響。此種行為不需要以法律予以規制，而得由行政機關依據預算及自行訂定之行政規則而為之。

中央法規標準法第五條明文揭示應由法律予以規制的事項。該條謂：「左列事項應以法律定之：

一、憲法或法律有明文規定，應以法律定之者。

二、關於人民之權利、義務者。

三、關於國家各機關之組織者。

四、其他重要事項之應以法律定之者。」

前揭條文應予進一步的闡明：

第一款：憲法中「明文」規定應由法律規制的事項不算少，例如：有關中央組織的問題（行政院組織、立法院組織、司法院及各級法院組織、考試院組織、監察院組織、國防組織等），有關公職人員的問題（總統及副總統的選舉、立法委員選舉、公務員懲戒等），有關基本國策問題（勞工及農民的保護、邊疆民族地位的保障等），有關人民權利的問題（基本權利的

限制、選舉權的行使、罷免權的行使、創制權的行使、複決權的行使等），有關地方制度的問題及兩岸關係的問題。立法機關在制定法律時，可能基於某種考量，不在其所制定的法律中對於特定問題為規制，而僅指示另行立法或在其他法律中為規制。

第二款：所謂「權利」，包括人民「基本權利」及「其他權利」在內。凡是「基本權利」的限制及進一步的落實，皆應由法律予以規制。涉及人民的「其他權利」的設置、廢除、變更、限制及行使等問題，皆由法律予以規制。此外，涉及人民義務的各種問題，亦應由法律予以規制。

第三款：所謂「國家」，是廣義的，是指國際法上之國家，即：「中華民國」，而不是指屬於行政主體的「國家」。中華民國範疇內的所有機關之組織問題，皆應由法律予以規制。「組織」不是僅指機關的「內部結構」，而也包括機關的職權，以及各機關間的關係。機關是指某一主體的機關，機關並非獨立存在。要設置機關必然同時要設置其所屬的主體。因此，「各機關之組織」一詞也應包括機關所屬的行政主體在內以及各行政主體間的關係。

第四款：由第四款之文字敘述及第五條的整體結構來看，第五條是以事項是否「重要」，作為判斷是否由法律予以規制的標準。凡是重要事項，皆應由法律予以規制。第五條第一款、第二款及第三款則是例示了所謂的重要事項。

前揭法律保留原則中之 1.及 2.屬於中央法規標準法第五條第二款所涵蓋的範圍，而 3.則屬於第四款所涵蓋的範圍。前揭法律保留原則，可稱為狹義的法律保留原則，中央法規標準法所稱的法律保留原則，可稱為廣義的法律保留原則。

法律保留原則所涵蓋的事項，固然應由立法機關予以規制，但是立法機關並不需要把所有細節都規定出來。規定的密度，可依不同情況而為區別，例如：對於人民影響的程度、行政機關濫為行為的可能性有多大等等。

廣義的法律保留原則與國會保留原則不同。國會保留原則包括依廣義法律保留原則應由立法機關予以規制之事項以及其他應經立法機關議決或

同意的事項，例如：宣戰、戒嚴、審計長的任命等。國會保留原則的涵蓋面比廣義法律保留原則為大。

<h1 style="text-align:center">第二項　裁　量</h1>

適用於具體案件的法規的基本結構是：若……，則……。「若……」是條件，「則……」是結果。結果規定行政機關應為之行為，而條件則規定為行為之先決條件。若結果中僅揭示一種行為，則行政機關僅能為所規定的行為。但若結果揭示多數行為，則行政機關得選擇其一為之。此種選擇，謂之「裁量」。但是，裁量並非指就結果所規定的多數行為中，任意挑選，而是應依規定及其他相關因素對於多數行為之選擇為評斷，然後決定採選其一。結果所規定的「多數行為」，有兩種模式：

㈠作為與不作為，即：行政機關採取行為或不採取行為。例如：採取驅離行動或不採取驅離行動。

㈡多數的作為，即行政機關可採取的作為有多種。例如：在法定罰鍰上下限間，得為不同罰鍰數額的決定。又如：同意或拒絕。

在作為與不作為之間為選擇，謂之決定裁量。在多數作為間為選擇，謂之挑選裁量。

裁量——即：就多數行為中選擇其一——固然是行政機關的權利，但是，「為無瑕疵之裁量」卻是行政機關的義務。因此，行政機關在適用有關之法規時，「必須」為無瑕疵之裁量。

雖然法規舉出多數行為，讓行政機關經由裁量而為選擇，但有時在特殊狀況中，行政機關僅能就法規所列行為中之一而為之，而喪失裁量的機會。此種情形，謂之裁量萎縮或裁量萎縮至零。裁量萎縮至零的情形有二：

㈠若實際狀況顯現出必須採用某一特定行為時，行政機關僅能採取該行為，而不能為裁量。例如：某一法律規定，若遊行群眾有危及公共安全之行為時，主管機關應予警告或制止。今若遊行群眾已對於路邊商店進行搶劫，則行政機關應即予以制止，而不再有可能再行裁量並決定是採取警

告或是制止之行為。

　　㈡基於憲法的規定，特別是人民基本權利的規定或法基本原則的規定，而致行政機關必須採用規定中的某一行為，而不再為裁量。例如：道路主管機關「得」同意或拒絕他人在馬路部分地點設置看板。在選舉期間，基於憲法意見表示自由及選舉權的規定，道路主管機關只能同意候選人在道路部分地點架設看板，而不可能再為裁量及決定是採取同意或是拒絕的行為。

　　如前所述，行政機關固然有為裁量的權利，但亦有為無瑕疵裁量的義務。下列各種情形，屬於有瑕疵的裁量：

　　㈠未為裁量而逕為決定所為之行為。

　　㈡裁量逾越法定的範圍。行政機關應在法規所設的範圍內選擇行為。若行政機關採行逾越此範圍的行為，即是有瑕疵的裁量。例如，依據優生保健法第十二條規定，非中央主管機關指定之醫師施行人工流產或結紮手術時，應處一萬元以上三萬元以下的罰鍰。甲非中央主管機關指定的醫師，而為人工流產手術，若主管機關處四萬元罰鍰，即是裁量逾越法定範圍。

　　㈢裁量不當。若行政機關未遵照法規的立法目的而為裁量，即屬裁量不當。設若一個交通法規為：凡違反交通規則者，得命其參加交通講習。該條之目的在於強化違反交通規則者的交通法規知識以及強化其責任感。甲已駕車超過二十五年且從未違規。若甲因一時疏忽在轉彎時未打燈號，即被要求參加交通講習，即屬裁量不當。其次，若行政機關在裁量時，未把必要情況納入考量，會形成裁量不當。設若警察機關對於遊行得為同意或拒絕。甲團體欲舉辦遊行，訴求全面開放大陸農產品進口，並向警察機關提出申請。若警察機關掌握訊息，知曉少數激進農民會對於甲團體的遊行進行強力干擾時，警察機關即應考量其有否足夠的人力及物力來阻止干擾。若警察機關未考慮此項因素，而做成同意遊行的決定，即屬裁量不當。最後，若行政機關把不相關的因素納入考量，也會形成裁量不當。設若交通警察對於違規停車，得處一千元至五千元間的罰鍰。今交通警察基於索賄不成，而對違規的駕駛人處五千元罰鍰，則屬裁量不當。

㈣裁量違反憲法上的人民基本權利或違反法基本原則。行政機關在為裁量時，應遵守憲法上人民基本權利規定及法基本原則，否則即是有瑕疵的裁量。例如：學校同意 A 利用其禮堂從事競選活動，但卻拒絕 B 利用禮堂從事競選活動。學校之裁量違反平等原則。

㈤漠視裁量已萎縮至零，而選用已不得再選用的行為。例如：在前面所述裁量萎縮至零的第一個例子中，警察機關仍然進行裁量，而決定對於遊行群眾採用警告的行為。

人民對於行政機關享有要求為無瑕疵裁量的請求權。

第三項　不特定法律概念

立法機關在制定規定時，利用各種概念來形成規定。有些概念一目了然，其內涵十分明確，例如：數字、地點等。有些概念則必須經過解釋才能了解其內涵。規定所用的概念，大都屬於此種型態。不可否認的，不同人解釋概念的結果，可能發生歧異。換言之，對於概念內涵的看法，有不同見解。

立法機關在制定規定時，也會使用「不特定法律概念」。析言之，立法機關未賦予不特定法律概念確定的內涵，而只指出一個「方向」，同時授權行政機關來補充其內涵。行政機關基於自己的判斷來補充不特定法律概念的內涵。不特定法律概念，如：公共利益、公共安全、公共安寧、重大原因、經濟政策、漁業發展、忠誠意識、高尚品格、專業學術能力、及格等等。

行政機關得以判斷來補充不特定法律概念內涵的自主範疇，謂之判斷空間或判斷範疇，但目前學說稱其為判斷餘地。

行政機關對於不特定法律概念為補充時，應遵守下列規定：

㈠應確實為判斷活動，並經此而產生補充的結果。

㈡不得把無關的規定納入，作為判斷的依據。

㈢不得把相關的觀點，予以擱置不用。

㈣應依據設置不特定法律概念的目的而為判斷。

㈤應遵守憲法規定，特別是人民基本權利規定及法基本原則。

行政機關對於不特定法律概念所為判斷的結果，仍得受司法機關的審查，但少數種類的判斷結果，則不在此列。例如：考試結果的考評。考試人員是依據專業知識、經驗及相關規定而判斷考試結果，此種判斷不可能由司法機關再度為之。若是口試，也不可能由司法機關再度為之。

第四項　人民對於公權力主體的特殊請求權

行政法對於其所規制的對象，規定了各種的權利及義務，權利因其權能性質的不同而為分類，其中之一即為請求權。請求權附麗的主體，可以是公權力主體，也可以是人民，亦即各種的行政法所規制的主體。請求權的例子如：國家得向人民要求履行服兵役的義務，國家基於監督得對於地方自治團體要求為特定的行為，人民得依據國家賠償法向國家要求賠償。

在各種公法請求權中，有一種人民對於公權力主體的請求權具有特殊的性質。此種請求權，本書將之稱為人民對於公權力主體的特殊請求權❶，以別於其他請求權。

人民對於公權力主體的特殊請求權，具有下列特質：

㈠某一規定基於公共利益的需求，賦予公權力主體特定的義務（作為、不作為或容忍）。

㈡基於保護特定個人利益的目的，個人得向前揭㈠之公權力主體要求其履行義務。

賦予個人對於公權力主體特殊請求權的規定，主要是照顧個人的利益，

---

❶　該權利在德國法制上稱之為 "Das subjektive öffentliche Recht"。該詞被翻譯成「主觀公權力」。"Das subjektive öffentliche Recht" 基本上是一種請求權，該權利附麗的主體是人民，權利行使的對象是公權力主體，而此種權利的特質在於兼顧公共利益及個人利益。本書基於這些特質而稱該權利為「人民對於公權力主體的特殊請求權」。

但因該權利的行使而亦惠及公共利益的落實。

　　人民是否享有對於公權力主體的特殊請求權，應視有否相關規定的存在。若沒有明文規定存在，則得由憲法中人民基本權利規定演繹出來。析言之，憲法中人民基本權利形成一個防禦機制，亦即防阻公權力主體對於人民的自由及財產的侵害。立法機關可以在其制定的法律中反映此種防禦機制，亦即設置人民對於公權力主體的特殊請求權。但若立法機關未為規制時，則應由憲法的相關規定來認定，對於立法機關所規定之公權力主體義務的履行，人民是否享有請求權，亦即，由憲法的相關規定中，演繹出人民對於公權力主體的特殊請求權。

　　人民對於公權力主體的特殊請求權在德國法制上之所以被強調，主要是它調整了「統治者與被統治者間的關係」。公權力主體與人民間的關係，不再單純地建構在由公權力主體單方面向人民為統治及採取措施，而也包括了人民可以向公權力主體要求依法履行其義務。人民對於公權力主體的特殊請求權，體現了人的核心價值。

第 3 章

行政組織

第一節　行政主體

第一項　概　說

　　行政所由出的主體，謂之行政主體。國家是最基本的行政主體。但是，國家得設立其他行政主體，並把特定公共任務交給其所設行政主體來立法以及執行，或設立其他行政主體來執行國家的規定。前者是具有自治權的行政主體，後者則是不具有自治權的行政主體。

　　若憲法中有明文規定，國家得（或：應）設置其他行政主體，則國家得以立法方式為設置。若憲法未為規定，則國家得自行斟酌以立法方式來設置其他行政主體。理論上，國家得授權具有自治權之行政主體，再進一步設置其他行政主體。

　　國家與其所設置之行政主體之間的法律關係，並非隸屬關係。國家與其他行政主體之間的法律關係，應視其他行政主體有否自治權而為決定。國家對於具有自治權之行政主體，就自治權所及範圍享有法律監督，但不享有目的監督。但針對委辦事項，則國家享有法律監督、目的監督與指揮權。在法定範圍內，國家對於具有自治權的行政主體享有服務監督。國家對於不具有自治權的行政主體享有法律監督、目的監督、服務監督及指揮權。

　　享有自治權的行政主體與其所設之行政主體間之法律關係，亦比照前段所述原則處理。

　　國家與其所設立之行政主體，皆有固定的職權。各行政主體得授權其他行政主體，以授權者名義為各種職權上的措施。在此情形中，授權行政主體對於被授權之行政主體，享有指揮權、法律監督及目的監督。

　　除了國家之外，其他由國家直接或間接設立的行政主體，謂之公法團體。公法團體分為公法社團、公法財團與公營造物。

國家、公法社團、公法財團及公營造物皆為公法人。他們在公法的實體法領域中，皆享有（公法上的）權利能力及行為能力，而在私法的實體法領域中，是否享有（私法上的）權利能力及行為能力，則視私法的規定而為決定。

行政主體透過其機關為行為。各行政主體有其自己的機關。同一行政主體的各機關間之法律關係，應依有關規定來決定。但是，不同行政主體的機關間，在基本上不可能有何種法律關係存在，僅在極少數的例外情形中，存有法律關係，例如：行政協助。不同行政主體的機關間，不可能有隸屬關係存在。

有時行政主體利用私法上所提供的方法，來達到落實其職權的目的。析言之，行政主體可依據私法的規定設置私法人，並由私法人依據私法規定為各種行為，以落實行政主體的職權。公營事業即屬於此種私法人。當然，行政主體亦可利用已設立之私法人或自然人，來達到落實其職權的目的，或委託私法人或自然人執行特定行為（受託人）。

理論上行政主體的種類固如上述，但我國傳統法制上的行政主體僅有三種：國家、地方自治團體及農田水利會。另中央行政機關組織基準法第三七條宣示了另一種行政主體，即：行政法人。至於該行政法人之設立、組織、營運、職能、監督及人員等基本問題，則由行政法人法予以規制。而原住民族基本法第二條之一第一項規定:「為促進原住民族部落健全自主發展，部落應設部落會議。部落經中央原住民族主管機關核定者，為公法人。」

第二項　公法社團

公法社團是人的結合，換言之：公法社團是由社員組成。

公法社團係由法律直接設立，或者依據法律規定的方式而設立。由於公法社團的目的，在於完成一定的公共任務，因此，有關規定通常都禁止公法社團得為決議解散。

　　社員身分的取得分強制取得與任意取得。若在特定條件之下，即必須或當然取得社員身分，是為強制取得。若取得社員身分是基於個人的意願，則為任意取得。社員得直接或間接參與公共任務之決定與執行。但公法社團中機關人員，不得取得社團之社員身分。

　　公法社團的機關為何，視相關規定定之，但公法社團一定有由社員或其代表組成的機關。

　　公法社團的經費，並非完全來自國家或其設置之行政主體，而有其獨立來源，如：規費、會費、事業盈餘及稅收等等。

　　公法社團享有公權力，得為各種公權力措施以及使用強制。公法社團除了本身職權之執行外，尚得辦理國家交付之委辦事項。

　　依據社員身分取得條件的差異，公法社團得為進一步的分類：

　　㈠**區域社團**：社員身分之取得，是以居住於公法社團所轄區域為條件之公法社團，例如：地方自治團體。

　　㈡**人員社團**：社員身分之取得，是以職業或其他個人特質作為條件之公法社團。

　　㈢**實物社團**：社員身分之取得，以社員之不動產或營業設施所在地為標準之公法社團。

　　㈣**協會社團**：社員僅限於某種團體人之公法社團。

第三項　公法財團

　　公法財團是指財產的集合體。形成公法財團的財產，不拘性質，可以是現金、有價證券或其他財產等等。

　　公法財團以其財產之收益，供諸使用，例如：以獎學金名義，發給需要者，或者對於科學研究、藝術或教育方面之活動，提供財政方面之支持。

　　公法財團當然也設有機關，來為其行使職權。

第四項　公營造物

營造物是指由人與物所形成的一個組織體。若法律賦予營造物人格(即為法人) 時，則稱之為公營造物。反之，不具法人資格的營造物，則由設置該營造物的行政主體予以管理。

公營造物由規定直接設置，或依規定所定方法而為設置。公營造物有其自己的機關，來執行其職權。但有時公營造物並無自己的機關，而是由其設置之主體（即：行政主體）的機關來兼辦其職權。此即所謂的「機關出借」。

公營造物係由國家或地方自治團體所設立。

公營造物非公法社團，因此無社員。由於公營造物備置物供諸使用，因此公營造物有使用人。公營造物與使用人間的法律關係，為使用關係。

公營造物的經費來源為：設置主體提撥、規費、使用收益等。

公營造物享有營造物管理權。此管理權包括三點：

㈠規制營造物的內部秩序，

㈡規制營造物的使用，

㈢對於違反前揭㈠及㈡的行為，採取措施。

第二節　行政機關

第一項　行政機關的意義與種類

行政出於行政主體。由於行政主體不同於具有血肉之軀的自然人而無器官，因此，行政主體必須仰靠機關來形成意思及為行為。行政主體擁有不同的機關，來為不同性質的行為。所謂機關，是指依公法形成，具有獨

立地位，為行政主體形成意思及為各種行為的組織體。此項機關意義析述如下：

㈠機關係依公法所形成的組織體。

㈡機關是具有獨立地位的組織體。所謂獨立地位，是指機關本身就是單一的個體，他不是形成其他機關的一個單元。形成機關的內部單位及職位，不具有獨立地位，因此他們不是機關。

㈢機關為行政主體形成意思及對外為行為，亦即，機關所形成的意思及所為之行為歸屬於行政主體，成為行政主體的意思及行為。

行政機關是機關的一種，他是指為行政主體處理公共事務之機關。此項行政機關的意義是從組織角度來了解的。各種規定基於本身的需求，得自訂行政機關的意義。行政程序法第二條第二項中的行政機關的意義，基本上係整合前述機關及行政機關的意義，經過略為調整而成。行政程序法所稱行政機關，是指代表行政主體表示意思，從事公共事務，具有單獨法定地位之組織體。

行政機關可能僅由一個職位所形成。有些機關則由多數職位所形成。若職位過多，則通常把職位分別歸為數個單位。有時在單位之內再分設較小的單位。行政機關通常設首長。首長也是職位，對外代表機關。在理論上，除首長之外，其他職位亦可賦予代表機關之權限。「派出單位」仍是原機關的單位，只是辦公的地點分散在他處，而與其所屬機關者不同。

每一個機關都有固定的職權。所謂職權，包含兩點：其一是任務，亦即：主管的事務，其二是執行權限，亦即：為落實任務，得實施各種措施的權限。但是各機關的職權仍然要從空間（亦即：其所涉之空間）予以界定，否則各機關的職權難以確定。此種職權所涉空間謂之職權的土地範圍。而職權所涉之事務，則稱之為事務範圍。

規制各機關職權的規定，可稱之為「任務法」。配合職權，規制各機關得實施之措施的規定，則是各種實體法。此種規定可稱之為「作用法」。例如，規制行政院農業委員會之任務的規定是「行政院農業委員會組織條例」，而規制執行的規定則不勝枚舉，如：農業發展條例、森林法、漁業法、飼

料管理法、農產品市場交易法等等。廣義的職權包括了前述職權（任務及執行權限）與得為之各種措施。

作用法必須配合任務法訂定主管機關。換言之，作用法上所規定的主管機關，必須是依任務法享有相對的任務者。因此，若任務法改變致作用法上所規定的機關已不再適合，而應由他機關任主管機關時，則應修訂作用法為調整。依行政程序法第十一條第二項規定，在作用法未修訂之前，得由原主管機關與他機關共同公告調整作用法上主管機關，或由其共同上級機關公告調整。若原機關裁併，則由他機關單獨公告調整。

機關內部的單位及職位，也有職權。

行政機關的職權不可逾越行政主體的職權。單位的職權不可逾越行政機關的職權。職位的職權不可逾越單位及機關的職權。

行政機關得依其不同職權而為分類，例如：

㈠為決定的機關。

㈡為諮詢的機關。

㈢提供技術服務的機關。

㈣管理特定財產的機關。

㈤公共設施管理機關。

㈥為協調的機關。

㈦為營業的機關。

依決定作成之人數的多寡，可將行政機關分為獨任制機關或合議制機關。在獨任制機關，僅由一人作成決定，而通常是由機關首長為之。在合議制機關，則由多數人共同作成決定。而機關首長對此決定作成之人員，並無指揮權。合議制機關首長僅得依決定為執行。

「機關」、「單位」或「職位」之概念，異於「機關人員」的概念。前者是指由特定任務所形成的概念，而後者則是指持有職位之人。同一職位，基本上只有一個機關人員。但有時亦可能發生多數人。例如，同一職位，在一天中分兩班人執行職權。

如前所述，機關代表行政主體為行為，因此，機關的行為即為行政主

體的行為。那麼，機關的行為如何產生？對外得代表機關之職位（如：機關首長）所為的行為，屬於機關的行為。而擁有職位之個人，在職權範圍內所為的行為，屬於職位的行為。綜合前述可知，個人的行為透過職位與機關的媒介，最終成為行政主體的行為。

在公法領域中，行政主體是實體法所規制的對象，因此行政主體在實體法上享有權利能力及行為能力。但是，行政主體的機關及其內部單位及職位，則非實體法規制的對象，因此他們在實體法上不享有權利能力及行為能力。但是，機關及其單位與職位是組織法及程序法規制的對象。因此，機關、單位及職位享有組織法及程序法上之權利及義務，而且依此規定而為行為。

第二項　行政系統

在同一行政主體中的多數行政機關，並非各自獨立存在，而是共同形成一個系統。此種系統謂之行政系統。行政系統建立在機關間的隸屬關係上。基於此種關係，而有上級機關與下級機關之分。

行政系統的形成，可採用集權式或分權式。所謂集權式，是把職權集中於一個機關，所謂分權式，是把職權分開賦予多數機關。

集權式或分權式可從兩個方向來看：垂直方向與水平方向。垂直集權是指，職權向上集中於一個機關。垂直分權是指，職權向下分散於多數機關。水平集權是指，職權集中於一個機關。水平分權是指，職權分散於多數機關。

（圖示一）:

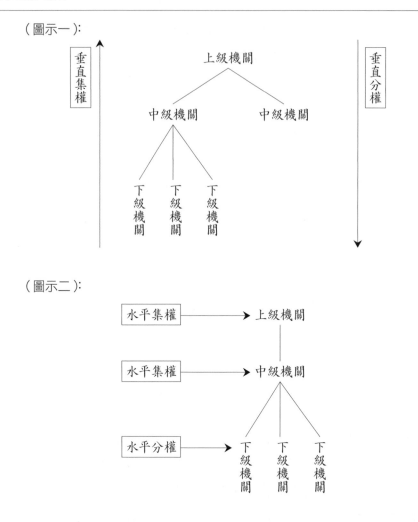

（圖示二）:

　　上級機關對於下級機關有指揮權與監督權。所謂指揮是指事前所為之指引。指揮包括了具體性的指引，以及抽象性的指引。上級機關對於下級機關所為之抽象性的指引，屬於所謂的行政規則。上級機關對於下級機關所為之具體性的指引，謂之指示。

　　所謂監督是指事後之監察與督飭，亦即檢視及依檢視結果要求採取處理措施。監督有三種：法律監督、目的監督及服務監督。所謂法律監督，是指對於行為是否違法所為的監督。目的監督，是指對於措施是否適當所為的監督。服務監督，是指對於人員及物件之配置的監督以及對於機關人

員服務方面的監督。

行政機關首長對於其所屬機關內部之單位及職位以及人員得為指揮及監督。

第三項　職權恆定原則與例外

各行政機關有其固定的職權（廣義）。在基本上，各行政機關不得任意拋棄其職權或將其職權移轉於他機關，也不得將他機關職權歸於自己或涉入他機關職權。此即職權恆定原則。

職權恆定原則，有下列各種例外情形：

㈠委任（職權移屬）：所謂委任，是指一個行政機關將其職權移屬於他機關。委任實即職權之移轉。受職權移轉機關，得進一步將移轉之職權，再移轉於他機關。此種情形，謂之再委任。委任發生於同一行政主體之行政機關間。委任必須要有法律的基礎。受委任之行政機關以自己名義為行為，且其行為屬於其本身所為之行為。委任會影響人民權益，因此應予公告。

㈡委託（授權執行）：所謂委託，是指一個行政機關授權他機關為行為。受託機關係以委託機關的名義為行為，其行為歸屬於委託機關。委託應有法律的基礎。委託分概括委託與個別委託。前者是指就不特定數量之行為授權他機關為之。後者是指就特定之行為授權他機關為之。委託會影響人民權益。因此，概括委託應予公告，個別委託則應對受影響之人為告知。

㈢緊急處置權：上級行政機關，因緊急情況而有採取處理措施之必要時，得執行下級機關之職權。

㈣介入權：下級機關未遵照上級機關之指示而為執行時，上級機關得自行為之。

行政機關之結構及職權皆由法律（形式意義）予以規制，因此前述之委任、委託、緊急處置權及介入權，必須要有法律依據，始得為之。

行政程序法亦對於「委託」及「委任」為規定。但行政程序法中所稱「委託」與「委任」，是否與前述者相同，不無疑問。行政程序法第十五條

第一項及第二項在基本上皆是指「本機關」之職權由「他機關」為執行。但第一項的本機關與他機關間有隸屬關係，第二項的本機關與他機關間無隸屬關係。至於，他機關執行本機關職權時，是否以本機關名義行之或以他機關名義行之，則不明確。因此，第十五條第一項及第二項情形是否屬於前述之委託或委任，頗成問題。

行政程序法第十六條係規定行政機關之職權得由民間團體或個人辦理。而民間團體或個人辦理行政機關的職權，必然是基於行政機關的授權執行，即前述之委託。因為行政機關不可能將其職權移轉（委任）於個人或民間團體。此在法理上是不可行的。因為個人或民間團體並非「機關」，不享有任何「職權」，當然也不可能承受職權移轉。因此，第十六條之情形，必是指前文所述之委託。而該條本身也用委託一詞。同法第十五條第二項之條文結構與第十六條相同。因此，第十五條第二項之情形亦應屬於委託。第十五條第一項的結構與第二項相同，因此第一項的情形，亦應屬於委託。由於受委託機關屬於委託機關的下級機關，因此第十五條第一項特稱之為「委任」。

依據以上說明，則行政程序法第十五條第一項及第二項所稱之「委任」及「委託」皆是指授權執行，而其意義如下：

㈠「委任」：行政機關授權在隸屬關係中的下級機關，以其名義執行其職權。

㈡「委託」：行政機關授權無隸屬關係之其他機關，以其名義執行其職權。

若由前文所述之委任（職權移屬）的性質來觀察，行政程序法第十五條第一項及第二項所稱的「委任」及「委託」皆不可能屬於委任（職權移屬）。委任是指機關的職權移屬於他機關。因此，委任必須要有法律的授權始得為之。而法律必須明確指出行政機關之何項職權可移屬於他機關。法律不可能泛泛地授權各機關皆可把自己選定之職權移屬於他機關。基此，行政機關可否將其職權移屬於他機關以及何職權可以移屬，必須要有法律的明確規定。基於此種理由，行政程序法第十五條第一項及第二項規定，

不可能解釋成是有關委任（職權移屬）的規定。一個機關可否把特定職權委任（職權移屬）於他機關，必須要有特別的規定。

　　行政程序法第十五條及第十六條雖然皆規定行政機關得授權他機關或個人與團體執行或辦理其職權，但該條皆強調必須「依法規」為之。換言之，得否授權，應視有否特別規定以為決定。若此，則行政程序法第十五條及第十六條將形同具文。若其他法之中已有得為「委任」或「委託」的規定，則又何需行政程序法第十五條及第十六條呢！第十五條及第十六條本身即是一個得為「委任」及「委託」的授權規定。該條中所稱「依法規」應是指對於特定的「委託」或「委任」所設的限制或禁止規定或為特定的「委託」或「委任」所設的條件規定。

　　行政程序法對於前述委任，緊急處置權及介入權並無規定。在我國法制上有否此種制度，則應就其他規定來確定。

　　前揭委任與委託的概念，與代理及代行不同。代理發生於機關人員之間，亦即，某人因故不能執行職權時，則由他人執行職權，而此項執行結果仍然歸屬於本人。代行是指代為決行，亦即，機關首長應為決定之事項，移撥於其他職位為決定。

第四項　職權爭議

　　為避免紛爭，各行政機關之職權，應不得互相涵蓋。原則雖然如此，但設若同一事件仍同屬於兩個機關的職權範圍，則應依優先原則來解決。依優先原則，有關事件應由首先處理的機關為處理，他機關則不得再為處理或應停止處理。如果不能分辨受理的先後時，則由相關機關自行協議解決。如果不能達成協議，則由共同的上級機關指定。若無共同上級機關，則由職權競合機關的上級機關協議決定。

　　若兩個機關都肯定或否定某事件屬其職權範圍，由兩機關共同上級機關決定有關事項之處理機關。若無共同上級機關，則由兩機關之上級機關協議決定。人民得向有爭議機關的共同上級機關申請指定應由何機關為處

理。在無共同上級機關的情形中，人民得向兩機關中任何一個之上級機關，申請指定應為處理的機關。

在未決定應由何機關為處理前，如有導致國家或人民難以回復之重大損害之虞時，爭議機關之一應為緊急之臨時處置。此項緊急處置應通知爭議他方機關及層報上級機關。

第五項　行政機關間的協力

行政機關為執行其職權，常需他行政機關的助力。此種情形，謂之行政機關間的協力。機關間的協力有兩種情形：行政參與與行政協助。

一、行政參與

所謂行政參與，是指一個行政機關基於相關的規定，參與他行政機關行政行為的作成。如何參與及未參與之效果為何，端視有關規定而定，例如：核准或提供消息。參與機關未為核准，被參與機關所作之行為無效。參與機關未提供消息——或者被參與機關根本未提出請求——被參與機關仍可作成行為，但應予補正。

二、行政協助

所謂行政協助，是指一個行政機關基於他行政機關的請求，為特定的行為，而助其完成行政行為。此意義析述如下：

1. 行政協助是兩個行政機關間的協助。因此行政機關與非行政機關間或非行政機關相互間的協助，非此地所稱的行政協助。
2. 行政協助制度僅具有補充功能，亦即：補充規定的不足。因此，若一個行政機關所為的協助行為，屬於其職權上應為者或基於某一規定而生的義務時，則非此地所稱的行政協助。
3. 行政協助不適用於存有指揮關係的兩機關間，特別是在隸屬機關之間。因為有指揮權機關得基於指揮權要求受指揮機關提供協助，而

不必依靠行政協助制度。另一方面，行政協助是提供協助機關的義務。行政協助與指揮權，相互扞格。一個行政機關對於下級機關無法同時擁有指揮權與行政協助義務。因此，有指揮權機關對於受指揮機關所提供的協助是基於指揮權，非此地所稱的行政協助。

4. 行政協助是一種義務。而此項義務係基於請求而發生。因此，被請求機關對於請求機關有為協助的義務。

5. 協助行為與被協助而作成的行為，是兩個分別獨立的行為，但前者助後者發生。兩者分別由不同機關（被請求機關與請求機關）予以作成。

行政協助是一項義務，即被請求機關的義務。此項義務發生的條件如下：

1. 需協助的機關，應提出請求。

2. 請求必須基於下列原因之一：

   (1)請求機關因法律上的原因，不能自為所需的行為。

   (2)請求機關因事實上的原因（如：人員、設備不足），不能自為所需的行為。

   (3)請求機關不能自行調查及認定事實。

   (4)請求機關所需之文書或其他資料，為被請求機關所持有。

   (5)由被請求機關為所需的行為，顯然比較經濟。

   (6)其他正當理由。

3. 被請求機關不得有下列情形之一：

   (1)協助行為不屬於被請求機關的職權範圍或依法不得為之者。特別是，協助行為涉及人民權利義務時，應有法律基礎。

   (2)如提供協助，將嚴重妨害被請求機關本身職權之執行。

   (3)被請求機關有正當理由，認為不能提供協助。

被請求機關應依前述條件確認其有否協助義務。若確認沒有協助義務，應通知請求機關。請求機關有異議時，由共同上級機關決定。若無共同上級機關，則由被請求機關的上級機關為決定。

協助義務確定後，應即由被請求機關為協助之行為。此種行為，十分

多樣化，例如：

1. 交付文件。

2. 對於所了解之事實為說明。

3. 調查證據及認定事實並告知結果。

4. 提供人力及物力，以供使用。

5. 提出報告。

6. 為技術或醫療或其他方面的檢查並告知結果。

協助行為可否是私法性質的行為？由於行政協助是行政程序法所規制之制度，因此協助行為可否為私法行為，應視行政程序法所稱之行政行為是否包括私法行為而定。綜觀行政程序法所涉有關程序的規定，似乎可以確定，行政程序法係以依公法所做行為為規制的標的，而不及於依私法所做的行為。因此行政協助應不涉及依私法所為的行為。

被請求機關得向請求機關要求負擔行政協助所生的費用。負擔金額及支付方式，由請求機關與被請求機關協議定之。不能達成協議時，則由共同上級機關決定。

協助行為是否具有合法性，應依為協助之機關（即：被請求機關）應適用的規定以為判斷。反之，請求機關基於協助行為所做之行為的合法性，則依請求機關應適用的規定來判斷。協助行為及請求機關之行為是否具有合法性，應分別獨立判斷，兩者互不影響。但下列情形，則屬例外：協助行為係在違反協助義務發生之條件下而作成時，請求機關之行為不具合法性。

請求機關及協助機關分別就其所為之行為及協助行為負責。換言之，第三人應以此為標準分別依據行政救濟規定尋求救濟以及依據國家賠償法尋求賠償。

第六項　「管轄」的概念

管轄是從事件的立場來觀察行政機關的職權。「管轄」與「職權」實是一體的兩面。行政機關之管轄，即指行政機關的職權。行政機關的管轄範

圍，即指行政機關的職權範圍。事務管轄是指行政機關職權的事務範圍。土地管轄，是指行政機關職權的土地範圍。

若某一事件涵蓋於行政機關的職權之中，則可稱行政機關對該事件享有管轄權。一個特定事件是否屬於某特定行政機關的管轄權，則應就該機關的事務管轄及土地管轄的範圍以為確定。而事務管轄及土地管轄，則依有關規定而為確定。若依有關規定仍不能確定特定事件的土地管轄歸屬時，則依下列原則及順序確定：

㈠涉及不動產之事件，依不動產所在地定土地管轄。

㈡事件涉及在固定地方經營之企業或在固定地方持續從事之事業時，依企業或事業之處所定土地管轄。若事件涉及未來應經營之企業或未來應從事的事業時，則以未來企業或事業之處所定土地管轄。

㈢除上述者外之涉及自然人之事件，依自然人住所地定土地管轄。無住所或住所不明，依居所地定土地管轄，無居所或居所不明，依最後所在地定土地管轄。涉及法人或團體之事件，依其主事務所或會址所在地定土地管轄。

㈣不能依上述三個標準定土地管轄時，則依事件發生原因之地點定土地管轄。

若有急迫情形，而應採取緊急應變措施時，則以事件發生原因地定土地管轄。

第七項　受託人

所謂受託人，是指受行政主體委託，執行特定職權之私法上主體。例如：商船船長簽發死亡證明及維持船舶內部秩序。私法上主體，包括個人及團體。

委託可能是直接基於規定而來，或由行政主體以單方意思表示為之，或以行政契約為之。而委託在本質上屬於「授權」。

就受委託之職權而言，受託人視為委託行政主體的機關。因此，受託

人執行受託職權，係以委託之行政主體的名義為之。受託人之行為直接歸屬於委託之行政主體。若受託人於行為時，不法侵害人民權利，則應由委託之行政主體負責，而非由受託人負責。受託人於執行受託職權時，遭受傷害或死亡或其他損害，則應依有關公職人員撫卹或其他補償之規定，獲得救濟。

受託人異於行政助手。行政助手是指對於行政機關所為的行為，提供協助者。換言之，為行為者仍是行政機關，但是行政助手僅對此行為之完成為助力。因此，在觀念上，行政助手的行為納入（或吸收入）行政機關的行為，而成機關行為的一部分。行政助手的行為，並無獨立性質，亦即並非單獨地形成一個行政機關的行為。而此點是受託人所為行為的特質。但是，行政助手得為協助行為，亦是基於「授權」，亦即由行政機關的授權而來。

在路口指揮交通的義警，是受託人或行政助手應依上述區別來確定。小學班長為老師點名或暫時維持課堂秩序，亦應依情況及上述區別來確定其為受託人或行政助手。並非為某種活動者，一定是受託人或行政助手。

第三節　國　家

此地所稱國家，是指在國內法領域中具公法人資格的行政主體，而與國際法中國家的概念不同。國家這個行政主體的存在，可以由憲法獲得答案。憲法並未明文規定「國家」這個行政主體的存在，但卻以其之存在做為各種相關規定存立的先決要件。憲法規定了中央機關，即：總統及五院。但機關不是法人，不具有人格，機關必然附麗於某一法人，亦即為法人的機關。憲法顯然以總統及五院所附麗之法人的存在做為先決要件，才能進一步規定該等機關。總統及五院所屬之法人，謂之國家。另一方面，憲法明文規定另一行政主體（即：地方自治團體）的存在以及其機關。顯見，憲法把行政主體與機關相區隔；行政主體為法人，機關則代表行政主體為行為。基此，憲法既然規制了總統及五院，則必然以其所屬之法人——國

家——的存在為規制的先決條件。

國家由具中華民國國籍者所形成。至於何人為具有中華民國國籍者，則依國籍法及其他有關規定而為決定。

國家有領域。領域包括領土、領海與領空。依據憲法第四條規定，中華民國領土是指「其固有疆域」。此項概括式的規定，在解釋上會發生爭議。原則上，固有疆域應是指制憲國民大會在制憲時所了解者而言。但此「固有疆域」的概念是否因後來發生的事件而有所改變，則應透過解釋予以釐清：臺灣及澎湖在二次大戰之後重回中華民國管轄範圍，大陸地區在一九四九年之後由中華人民共和國政府管轄。司法院大法官在釋字第 328 號解釋文中稱：「固有疆域之界定，為重大政治問題，不應由行使司法權之釋憲機關予以解釋。」該文中之「固有疆域」一詞顯然是指實際存在之疆域，而「界定」一詞則是指「在實際中決定疆域的範圍」。實際決定疆域的範圍，當然不是司法院大法官能做的，而這個問題也不可能經由解釋來解決。但司法院大法官應該做的事情則是：斟酌實際上所發生的歷史事實，來闡明憲法第四條之「固有疆域」的概念。這是法律概念的解釋活動！本書屬教科書性質，因此，不宜針對此問題為深入說明。❶但憲法本身對於「固有疆域」的概念為何，已有表態。綜合觀察「中華民國憲法增修條文」的規定可以知曉，該增修條文基本上認為固有疆域應包括自由地區（即：臺灣地區）與大陸地區。但大陸地區目前不在中華民國政府管轄之下，亦即不適用臺灣地區法制，而適用大陸地區之法制。而對此種情勢，憲法增修條文第十一條才有可能（也才有必要）明定，由立法院制定之法律來規制兩岸間人民權利義務關係以及其他事務之處理的問題。臺灣地區與大陸地區人民關係條例即是該項法律。若大陸地區及臺灣地區非憲法上之「固有疆域」，則憲法增修條文第十一條即不可能存在。

中華民國領海原為三浬，但在民國六十八年則擴大為十二浬。領空是

---

❶　有關該問題的探討，參見：黃異，「兩國」乎?，載於：國際法論文集，丘宏達教授六秩晉五華誕祝壽論文集，2001 年，臺北，頁 601～621；黃異，法學方法，2009 年，臺北，頁 19～21。

指領土與領海之上的空間。領空的外界（即：上限），是以航空器利用空氣的物理性質能飄浮與移動的上限作為確定的標準。

國家經由機關為行為。國家機關包括下列各者：

㈠總統及其隸屬機關。

㈡立法院。

㈢司法院及其隸屬機關。

㈣行政院及其隸屬機關。

㈤考試院及其隸屬機關。

㈥監察院及其隸屬機關。

國家的行政機關，是指行政院及其隸屬機關。考試院及其隸屬機關是否為行政機關，頗有爭議。惟憲法是根本大法。憲法已明確地將考試剔除於行政之外，且把行政機關與考試機關加以區別，那麼，我們不應再將考試院及其隸屬機關視為行政機關。總統及其隸屬機關，是否為行政機關？若我們斟酌憲法所規定總統的職權，以及其與立法院的關係，以及五權分立的原則，總統及其隸屬機關不可能是行政機關。

前段所述，是從組織角度來確定國家機關中何者為行政機關。但此種做法並不影響各種規定自行界定其所稱的行政機關。換言之，各種規定因其立法目的之不同，常自行訂定行政機關的意義。

在前文中已經揭示，行政與政府有別。行政是受政府之導引與統御。那麼，行政機關與政府機關顯然有別。政府機關指何機關？行政院實兼具行政機關與政府機關之性質。行政院一方面為行政政策的決定，另一方面則又依己定之政策為執行。

國家與地方自治團體為兩個分立的法人。地方自治團體的機關，是地方自治團體——這個法人——的機關，而非國家——這個法人——的機關。因此，國家機關的概念，並不包括地方自治團體的機關在內。由於地方自治團體的機關與國家的機關，是分屬於兩個法人（即：地方自治團體與國家）的機關，因此，地方自治團體機關與國家機關間，並無隸屬關係，換言之：地方自治團體的機關並非是隸屬於國家機關的下級機關。基此，地

方自治團體的行政機關，亦非國家的行政機關。

在學說、實務與立法上，經常使用「中央」及「地方」或「中央機關」及「地方機關」或類似的詞句。此種用法會讓人誤以為，行政主體僅有國家一個，而國家的行政機關分為中央行政機關與地方行政機關。而中央行政機關則指行政院及其隸屬機關（或者包括其他機關），地方行政機關則指直轄市政府、縣市政府、鄉鎮市公所及其隸屬機關。「中央」一詞應是指「國家」，而「地方」是指「地方自治團體」。「中央機關」應指「國家機關」，「地方機關」則指「地方自治團體機關」。

國家的職權為何，依憲法定之。憲法稱國家之職權為「中央之權限」。中央之權限為何，應觀察憲法的所有規定以為確定。但憲法第一〇七條舉出下列各項屬中央之權限：

㈠外交。

㈡國防與國防軍事。

㈢國籍、刑事、民事、商事。

㈣司法制度。

㈤航空、國道、國有鐵路、航政、郵政及電政。

㈥中央財稅及國稅。

㈦國稅與縣稅之劃分。

㈧國營經濟事業。

㈨幣制及國家銀行。

㈩度量衡。

(十一)國際貿易政策。

(十二)涉外之財政經濟事項。

國家在其職權範圍內為立法，並由其機關而為執行。國家亦可就其所立之法，交付地方自治團體辦理。此即所謂的委辦事項。

國家在公法領域中為權利義務主體，而與其他公法主體及人民發生公法上權利義務關係。而國家也在私法領域中，為權利義務的主體，而與私法上主體發生私法法律關係。

第四節　地方自治團體

第一項　基本概念

第一目　地方自治團體的意義與性質

所謂地方自治團體，是指享有自治之區域社團。

地方自治團體為一區域社團，因此，地方自治團體的概念，包含了人與領域兩要素在內。前者謂之「地方自治團體人民」，簡稱為「自治人民」，後者謂之「地方自治團體區域」，簡稱「自治區域」。由於地方自治團體是一個組織體，因此必須要有機關來形成意思及為行為。此種機關，謂之地方自治團體機關，簡稱「自治機關」。

「自治」的意義，包括下列各點：

㈠地方自治團體有屬於自己的職權事項。

㈡地方自治團體在法定範圍內，自為處理其事項。所謂「自為處理」，是指由自己的機關決定是否及如何處理以及依決定為執行。

㈢地方自治團體對其事項之處理，自為負責，亦即：不必向國家負責。基此，國家對於事項之處理，不得干涉。

前述由地方自治團體自為處理及負責之事項，謂之自治事項。

地方自治團體為公法人。在公法領域中，地方自治團體有權利能力、行為能力與責任能力。地方自治團體享有名稱權、關防權及旗徽權。此外，地方自治團體亦享有憲法上之基本權利，但以性質上得由法人所享有者為限，例如：訴訟權、平等權、財產權等。

在私法領域中，地方自治團體也享有權利能力。基本上，地方自治團體享有及負擔與私法人相同之權利及義務。但若私法上權利義務與地方自

治團體之性質不合或與地方自治團體的目的及其公共任務相牴觸，或者法規有特別禁止規定時，地方自治團體不得享有或負擔有關之權利義務。

在私法領域中，地方自治團體也有行為能力與責任能力。但是，地方自治團體的行為能力，受其所享權利能力範圍的限制，亦即：地方自治團體不得為逾越其權利能力範圍之法律行為。基此，逾越權利能力範圍的法律行為，由於無行為能力，而致無效。

第二目　自治事項

所謂自治事項，是指屬於地方自治團體自為處理及負責之事項。

自治事項為何，應依有關規定來決定。通常都由憲法及法律（形式意義）來規定地方自治團體的自治事項。但是，自治事項在基本上都具有一個特性，即：有地區性及能由地方自治團體獨立處理。若一個事項缺少此種特性，即不能成為自治事項。

地方自治團體除有其本身之自治事項外，尚有所謂的委辦事項。所謂委辦事項，在性質上仍屬國家職權之事項，但是國家就該事項已有立法，而由地方自治團體依該法以自己之名義為執行。

第三目　地方自治團體的基本權利

地方自治團體欲維持其自治的特性，必須享有下列各項權利：自治權、財政權、規劃權、領域管轄權、立法權、組織權、人事權。

所謂自治權，是指地方自治團體就自治事項，得自為決定是否為規範與如何規範，以及自己執行，且不受國家干涉的權利。

所謂財政權，是指地方自治團體得有自己之財政管理制度及為預算執行之權利。

所謂規劃權，是指地方自治團體得對自治區域為整體之規劃及使用之權利。

所謂領域管轄權，是指地方自治團體對於在自治區域中之人、物或關係，以及屬於自治區域之各種關係得為規範之權利。

　　所謂立法權，是指地方自治團體得就其自治事項，制定規定之權。

　　所謂組織權，是指地方自治團體對於其機關及其相互間關係，以及業務處理之流程，有形成之權利。

　　所謂人事權，是指地方自治團體對於其機關人員之需要與否，有自為決定以及對於因其本身特殊需要，得任用人員之權利。

　　如前所揭，地方自治團體在法定範圍內，享有自治。那麼，國家得否以立法方式，限制地方自治團體的各項基本權利？此項問題的答案如下：

　　㈠國家不得涉入形成自治所必要的核心範圍，而致地方自治團體喪失其自治之性質。

　　㈡非形成自治的必要核心範圍，國家在基本上得暫時地予以限制。但此項限制應符合比例原則。

第四目　自治區域

　　所謂自治區域，是指形成地方自治團體之「地」的要素。自治區域除了此項意義外，尚有下列兩項重要意義：

　　㈠自治區域是地方自治團體的管轄範圍。對於自治區域，地方自治團體有領域管轄權。

　　㈡自治區域確定自治事項的空間範圍。地方自治團體的自治事項，是指在自治區域內或與自治區域有關的事項，即：具有地區性的事項。

　　國家有形成地方自治團體的權利。基此，國家有劃定及變更自治區域的權利。地方自治團體經國家立法授權，得變更其自治區域。

　　自治區域的劃定，應注意下列兩項因素：

　　㈠應保持居民所形成的整體性。

　　㈡應考慮地方自治團體得獨自處理其職權的行政與經濟能力。

　　自治區域變更的形態有下列各種：

　　㈠一個或數個地方自治團體的自治區域，共同併入一個地方自治團體的自治區域中。

　　㈡多數地方自治團體的自治區域，合併形成一個新地方自治團體的自

治區域。

㈢一個地方自治團體的部分自治區域單獨或與其他地方自治團體之部分自治區域合併形成一個新的地方自治團體的自治區域。

㈣一個地方自治團體的部分自治區域，併入他地方自治團體之自治區域中。

若因自治區域之變更，致原地方自治團體消滅，則消滅之地方自治團體的權利與義務，由承受其自治區域之地方自治團體，概括繼受，而原地方自治團體的機關消滅，其所制定之各種規定，亦因而失效。若原地方自治團體不因自治區域變更而消滅，則發生權利義務的部分繼受。至於那些權利與義務，應由承受自治區域之地方自治團體加以繼受，應依有關規定來確定。有關規定亦得將繼受的問題，讓由有關之地方自治團體以合意解決。

第五目　自治人民

所謂地方自治團體的人民，係形成地方自治團體之「人」的要素。地方自治團體的人民，是指在自治區域中有居所者或設籍於自治區域中者而言。所謂「有居所」，是指有居住的處所，並由自己或家屬加以利用而言。地方自治團體的人民，又稱之為「居民」。居民不包括僅在自治區域中有事業或土地而無居所或未設籍者。

居民通常都享有或負擔一些基本的權利或義務。例如：

㈠使用公共設施之權利。

㈡繳納各種稅捐的義務。

㈢強制銜接或使用公共設施的義務。

公民不同於居民。公民是指有選舉權的居民。至於在何種條件下，才有選舉權，則應依有關規定來決定。通常都以下列三者，作為選舉權的條件：

㈠具本國國籍。

㈡達一定年齡。

㈢在自治區域中有居所達一定期間。

所謂榮譽公民是指，非地方自治團體的居民，但因特殊貢獻，而由地方自治團體給予特殊榮譽之人。

第六目　自治機關

地方自治團體自為決定其機關及其相互間的關係。但為求各地方自治團體的機關組織統一起見，通常國家都會對於地方自治團體的機關組織，做某種程度的統一性規定。此種規定大都限於原則性的規定。地方自治團體的兩個主要機關是：民意機關（議會）與執行機關（政府）。基於民主原則，民意機關的民意代表與執行機關的首長，由民選產生。執行機關的首長，通常也是地方自治團體的對外代表。

第七目　自治監督

所謂監督，是指監察與督飭。地方自治團體「在法定範圍內」，享有自治。基此，地方自治團體所為之行為，是否合法，應予監督。地方自治團體應受國家的監督。國家檢視地方自治團體的行為是否合法，並命為改正，謂之法律監督。

為達到法律監督的目的，國家得對地方自治團體，採取下列各種措施（即：監督的方法）：

㈠**調查**：國家得要求地方自治團體提出說明，或查閱資料，詢問人員及實地勘察。

㈡**非議**：國家得對於地方自治團體所做的決定或所採的措施，提出異議，並要求取消。

㈢**命令**：若地方自治團體不依法履行其義務，國家得命其為履行義務所應為的行為。

㈣**代行處理**：若地方自治團體不依國家要求取消其決定或措施，或不依要求為應為之行為，則國家得逕行取消，或自為有關之行為。

㈤**財政封鎖**：國家亦得凍結、減少或刪除其對於地方自治團體的補助款。

㈥派代：國家得指派特定人完成地方自治團體機關應為之行為。

㈦解散民意機關：國家得解散議會，使議會重新改選。解散的理由，例如：決議不合法或不能依法執行其職務，致妨礙執行機關任務之執行。

如前所揭，地方自治團體在法定範圍內，享有自治。法律（形式意義）是由國家制定的。因此，國家得以法律（形式意義）規定，特定之地方自治團體的行為，應先經國家之核准。未經核准之地方自治團體行為，不發生效力。前揭規定，謂之核准保留。核准保留是國家對於地方自治團體的一種特別監督。

地方自治團體就委辦事項，除受國家之法律監督與目的監督外，尚受國家之指揮。

第二項　憲法的規定

憲法對於地方自治團體的存立予以保障；依據憲法第一〇九條、第一一〇條、第一一八條、第一一九條、第一二〇條及第一二八條的規定，國家「必須」設立地方自治團體，且不得予以廢止。

憲法所規定之地方自治團體的形態，有下列各種：省、縣、直轄市、省轄市、盟與旗（蒙古地區）以及西藏地區的地方自治團體。

憲法於第一〇九條及第一一〇條列舉省與縣的自治事項。另於憲法第一一一條規定：「……如有未列舉事項發生時，其事務……有全省一致之性質者屬於省，有一縣之性質者屬於縣。遇有爭議時，由立法院解決之。」省縣除了其本身的自治事項外，依憲法規定，尚有受託執行事項。換言之，省應執行國家法律(憲法第一〇八條)，縣應執行國家法律與省自治規章(憲法第一〇八條及第一〇九條)。

省設省議會及省政府。省議員由省民選舉產生。省政府置省長一人，由省民選舉產生。省議會有立法權。縣設縣議會與縣政府。縣議員由縣民選舉產生。縣政府置縣長一人，由縣民選舉產生。縣議會有立法權。

有關省轄市之自治事項與自治組織，憲法第一二八條規定準用縣的規

定。而直轄市之自治事項與自治組織，憲法則無準用省規定之設。憲法僅於第一一八條規定：「直轄市之自治，以法律定之。」但若觀諸憲法第一二八條之規定置於第二節縣中，而第一一八條之規定置於第一節省之中，則顯然制憲者有意將直轄市比照省，而準用省之規定。盟、旗及西藏地區的自治事項與自治組織，憲法未做明文規定，也未做準用規定。但若鑑諸憲法第一一九條明白揭示秉承蒙古原有之行政建制（盟、旗）之意旨，以及第一二○條謂西藏自治制度，應予「保障」一點，則應可確定制憲者顯然有採納原蒙古及西藏地區既有的自治制度之意旨。

依據憲法第一○八條、第一一二條、第一一三條、第一二二條及第一二四條之規定可知，省縣地方自治實現的過程應如下：

㈠首先由立法院制定省縣自治通則。

㈡其次由各省各縣分別召開省民代表大會或縣民代表大會。由省民代表大會及縣民代表大會制定各省各縣自己的省自治法及縣自治法。

㈢依據省自治法或縣自治法所產生之省議會或縣議會，各自就其自治事項為立法（省法規，縣單行規章）。

對於地方自治來說，憲法最主要的意義，是在於保障地方自治的存在，亦即：地方自治團體的存立。其次，憲法亦揭示了一些有關地方自治的原則。省縣自治通則必須進一步在憲法的原則之下，建立省縣地方自治的整個架構及原則。但省縣自治通則不得鉅細靡遺地，把所有地方自治問題做統一的規定，而必須保留各省縣的「自治」範圍。因此，省縣自治通則應在建立省縣地方自治之統一架構與原則及維持各省縣自治範圍之間，取得一個適當的立足點。

省自治法與縣自治法，則是在憲法原則與省縣自治通則之架構及原則下，由各省各縣在自治範圍內針對其地區特殊性，所制定之基本規定。省自治法與縣自治法對於省縣的關係，類如憲法對於國家的關係。因此，省自治法與縣自治法，可被稱之為「省憲法」與「縣憲法」。省法規與縣單行規章則在憲法、法律、省縣自治通則與省自治法及縣自治法範圍內，對於自治事項為規範。

　　直轄市、盟、旗及西藏地區地方自治的實現過程，憲法僅明定由國家立法為之。很顯然地，國家必須經由立法，確立前揭各地方自治團體的自治架構及原則。然後在此架構及原則內，由前揭各地方自治團體進行立法，實現自治。

　　為因應國家分裂情勢，國民大會於民國八十一年修訂部分憲法的規定，其中亦涉及地方自治的問題。基本上，增修條文仍維持省縣地方自治制度，但是地方自治實現的過程，則予變動。依據增修條文第十七條的規定，省縣地方自治實現的過程如下：

　　㈠由立法院制定法律，此法律充分規劃省縣地方自治制度。

　　㈡由各省縣議會行使其立法權、訂定各自之地方自治法規（省法規，縣單行規章）。

　　雖然憲法增修條文規定實現地方自治的第一步是「法律」而與修訂前條文的規定並無不同，但卻不再用「省縣自治通則」一詞。

　　其次，民國八十一年的憲法增修條文，亦明定了省縣地方自治團體之上級監督機關，即省之上級監督機關為行政院，縣之上級監督機關為省政府。

　　民國八十八年國民大會又對憲法增修條文為修訂。該年通過之增修條文第九條「凍結」憲法第一〇九條有關省之自治權限。若此，則原來具有法人身分之「省」，即因自治權限的喪失而不可能存在。

　　前揭憲法增修條文雖然凍結了地方自治團體——省，但卻保留了「縣」。但是該條卻凍結了原憲法中有關省縣地方自治實現的過程，而僅單純地規定了縣地方自治應以「法律」定之，即由立法院訂定相關法律，予以落實。

　　綜合憲法及其增修條文可知，憲法仍然保障了縣及市之設置。但除此之外，國家仍可經由立法方式設置其他地方自治團體。因此，立法院制定的地方制度法不僅納入了縣、市，同時也增設了直轄市、鄉、鎮、縣轄市等地方自治團體。

第三項　現行臺灣地區的制度

第一目　概　說

早期臺灣地區的地方自治，並非依據憲法所定程序所產生，而是植基於行憲前的一些規定、行政院及省政府的命令以及法律（形式意義）。此種情形造成一些不良結果：

㈠臺灣地區的地方自治制度所植基的基礎與憲法所規定者不符，而致缺乏合法性。

㈡由於臺灣地區地方自治制度——除了行憲前的規定外——經由行政院與省政府的命令所形成，因此造成國家行政機關全面干預地方自治，而致地方自治團體僅有自治之名，而無自治之實。此種現象進一步造成觀念上的混淆，扭曲自治的意義與本質，而另一方面，也使得國家與地方自治團體間的關係，變得曖昧不明，而國家機關的概念與地方自治團體機關的概念，也無法區隔。

立法院於民國八十三年制定省縣自治法及直轄市自治法，作為臺灣地區地方自治的「法律」依據，並進而取代以往之規定。

民國八十八年，立法院制定地方制度法，重新建立臺灣地區的地方自治。臺灣地區的地方自治團體包括了：直轄市、縣、市、鄉、鎮、縣轄市。

在地方制度法或其他規定雖然仍然用「省」一詞，但該詞並非指具法人人格的地方自治團體。「省」僅是用來指稱省政府及省諮議會。然省政府及省諮議會已非地方自治團體機關，而是國家機關，隸屬於行政院。但是這樣的結構是否合理，仍待進一步的探討。

第二目　自治事項

地方自治團體享有自治事項。除此之外，地方自治團體尚得辦理國家或上級地方自治團體交辦之事項（委辦事項）。

直轄市之自治事項如下：

㈠**組織及行政管理方面**：公職人員選舉、罷免之實施，組織之設立及管理，戶籍行政，土地行政，新聞行政。

㈡**財政方面**：財政收支管理，稅捐，公共債務，財產之經營及處分。

㈢**社會服務方面**：社會福利，公益慈善事業及社會救助，人民團體之輔導，宗教輔導，殯葬設施之設置及管理，調解業務。

㈣**教育文化及體育方面**：學前教育，各級學校教育及社會教育之興辦及管理，藝文活動，體育活動，文化資產保存，禮儀民俗及文獻，社會教育、體育與文化機構之設置、營運及管理。

㈤**勞工行政方面**：勞資關係，勞工安全衛生。

㈥**都市計畫及營建方面**：都市計畫之擬定、審議及執行，建築管理，住宅業務，下水道建設及管理，公園綠地之設立及管理，營建廢棄土之處理。

㈦**經濟服務方面**：農、林、漁、牧業之輔導及管理，自然保育，工商輔導及管理，消費者保護。

㈧**水利方面**：河川整治及管理，集水區保育及管理，防洪排水設施興建及管理，水資源資料調查。

㈨**衛生及環境保護方面**：衛生管理，環境保護。

㈩**交通及觀光方面**：道路規劃、建設及管理，交通規劃、營運及管理，觀光事業。

(十一)**公共安全方面**：警政、警衛之實施，災害防救之規劃執行，民防之實施。

(十二)**事業經營及管理方面**：合作事業，公用及公營事業，與其他地方自治團體合辦之事業。

(十三)**其他法律所賦予之事項。**

縣及市之自治事項之項目，與直轄市者相同，但增列一項：公共造產。因此，此地不再贅述縣、市的自治事項的項目。

鄉、鎮及縣轄市之自治事項如下：

㈠**組織及行政管理方面**：公職人員選舉、罷免之實施，組織之設立及管理，新聞行政。

㈡**財政方面**：財務收支管理，稅捐，公共債務，財產之經營及處分。

㈢**社會服務方面**：社會福利，公益慈善事業及社會救助，殯葬設施之設置及管理，調解業務。

㈣**教育文化及體育方面**：社會教育之興辦及管理，藝文活動，體育活動，禮儀民俗及文獻，社會教育、體育與文化機構之設置、營運及管理。

㈤**環境衛生方面**：廢棄物清除及處理。

㈥**營建、交通及觀光方面**：道路之建設及管理，公園綠地之設立及管理，交通之規劃、營運及管理，觀光事業。

㈦**公共安全方面**：災害防救之規劃及執行，民防之實施。

㈧**事業經營及管理方面**：公用及公營事業，公共造產事業，與其他地方自治團體合辦事業。

㈨**其他法律所賦予之事項**。

直轄市、縣、市、鄉、鎮、縣轄市得就其自治事項自為立法及執行，國家則不得涉入。國家僅得就其職權事項立法及執行。但是，前揭各地方自治團體的自治事項是否具有此種意義，值得懷疑。今以漁業為例，加以說明。依憲法規定，國家得規制之漁業為海洋漁業。反之，地方自治團體得規制之漁業，則是「非海洋漁業」部分。依前揭地方自治事項來看，直轄市、縣、市皆可就其本身之漁業為規制。鄉、鎮及縣轄市則無漁業方面的自治事項。但是，國家所制定的漁業法則並不是遵照此種區隔來立法，而是把「所有」漁業都納入規制。在此情形下，直轄市、縣、市已不可能再針對屬其自治事項的漁業為立法。此外，漁業法所規定的主管機關除了國家機關（行政院農業委員會）之外，尚包括了直轄市政府、縣政府、市政府。此種規定除了顯示出漁業法否定地方自治團體自治事項的態度外，尚曝露出另一個問題：漁業法並未把直轄市政府、縣政府及市政府看成是地方自治團體的機關，而是國家機關的一種。整體來說，漁業法根本否定了地方自治的存在。

也許有人認為，漁業法把地方政府列為主管機關僅是揭示相關地方自治團體應執行國家交付的委辦事項。如果漁業法只對於國家的職權事項(海

洋漁業）為規制，那麼此項主張即有存在的可能。就目前漁業法的基本態度來看，委辦事項並無存在的空間，而該法所稱地方政府也非執行委辦事項。

漁業法的問題普遍存在於各種特別行政法之中。換言之，就各種特別行政法來看，地方自治是不存在的，而地方制度法中所稱自治事項僅是聊備一格，而地方自治團體中的機關也僅是國家機關的一環而已。

此外，前揭地方制度法上縣地方自治團體的自治事項，與憲法上所規定的縣地方自治事項是否吻合，也有質疑。地方制度法恐有違憲之疑。

第三目　自治區域

地方制度法承接傳統以來已經存在的自治區域劃分狀況。至於未來自治區域的設置、廢止及調整方法則未做整體的規定，而是指示應制定專法予以規範。但是地方制度法對於直轄市、市及縣轄市之設置標準，則有一些原則性的規定。該規定所樹立的標準大致朝兩方向為之：

㈠人口條件。

㈡政治、經濟、文化或其他方面的條件。

第四目　自治人民

所謂自治人民，是指在自治區域中設籍之人。

自治人民享有下列各種權利：

㈠選舉權、罷免權。

㈡創制權、複決權。

㈢公共設施使用權。

㈣有關教育、文化、社會福利、醫療衛生事項方面之受益權。

㈤其他法定的權利。

自治人民負有下列義務：

㈠遵守自治法規的義務。

㈡繳納自治稅捐的義務。

㈢其他法定的義務。

　　前揭各種權利及義務是自治人民面對地方自治團體所有之概括式的權利及義務。這些權利及義務的落實顯然還要靠進一步的規定。而這些規定將進一步訂定自治人民的權利及義務。例如，依據前述人民對於地方自治團體有公共設施之使用權，則可要求地方自治團體設置公共設施以及訂定相關之使用規定。而此使用規定則進一步訂定人民在使用關係中的權利及義務。

第五目　自治機關

　　自治機關包括地方立法機關與地方行政機關。

　　地方立法機關是指直轄市議會、縣（市）議會及鄉（鎮、市）民代表會。各地方立法機關由議員或代表組成之。各地方立法機關的議員及代表名額，依自治區域財政狀況，區域狀況及人口狀況而為決定。

　　地方立法機關之議員及代表，依選舉產生，任期四年，連選連任。議員及代表應經宣誓就職。議員及代表辭職應以書面為之，於書面送達於議會或代表會時生效。

　　直轄市議會及縣（市）議會置議長及副議長各一人。鄉（鎮、市）民代表會置主席及副主席各一人。議長及副議長由議員互選產生。主席及副主席由代表互選產生。

　　議長、副議長及主席、副主席得予罷免。直轄市議長及副議長的罷免程序如下：

　　㈠罷免案由議員總額三分之一以上連署，向行政院提出。罷免案應敘明理由及備具正本與副本。

　　㈡行政院應將罷免案送達議會轉交被罷免人。被罷免人得向行政院提出答辯書。行政院應將罷免案與答辯書分送各議員。

　　㈢行政院召集罷免投票會議。罷免案以無記名投票方法為之。罷免案應有議員總額過半數出席及出席總數三分之二以上同意，始為通過。

　　縣（市）議長及副議長與鄉（鎮、市）民代表會主席及副主席的罷免程序亦如上述，但辦理機關則改為內政部與縣政府。

　　議長、主席對外代表議會或代表會，對內綜理會務。副議長及副主席襄助議長及主席處理業務。

　　議會及代表會除法定之職權外，主要是監督地方政府職權之執行、議決特定事項、處理人民請願案及審議決算。議決事項，如：自治條例、預算、臨時稅、財產之處分、地方政府組織及所屬事業機構組織、地方政府提案、議員或代表之提案等。

　　地方政府認為議會及代表會之決議窒礙難行時，得敘明理由送請議會或代表會覆議。議會或代表會維持原決議時，地方政府即應接受該決議。若議會或代表會未於法定期間為覆議之決議時，則原決議失效。

　　在對地方政府之監督方面，議會及代表會得聽取首長之施政報告及聽取單位主管之業務報告，並提出質詢。除前述者外，得邀請首長及單位主管列席說明特定事項。

　　議員及代表享有言論免責權，亦即：在開會時對於會議事項所為之言論及表決，對外不負責任，但無關會議事項之違法言論則不在此限。此外，議員及代表在會期中非經議會或代表會同意，不得被逮捕或拘禁。

　　議員及代表缺額達總名額十分之三以上或同一選舉區缺額達二分之一以上時，均應補選。但所遺任期不足二年且缺額未達總名額的二分之一時，不再補選。

　　地方行政機關是指地方政府，即直轄市政府、縣（市）政府及鄉、鎮、縣轄市公所。地方政府首長由選舉產生，任期四年，連選得連任一次。直轄市政府、縣（市）政府置副首長。縣轄市人口在三十萬人以上時，得置副首長。地方政府中之主計、人事、警察及政風單位主管依專屬人事管理法律任免，其餘主管則由地方政府首長任免。副首長亦由地方政府首長任免。

　　地方政府首長之辭職應以書面為之。直轄市長應向行政院提出並由其核准。縣（市）長應向內政部提出，轉行政院核准。鄉（鎮、市）長向縣政府提出並由其核准。地方政府首長辭職、去職、死亡時，應派員代理，並於三個月內完成補選。但所遺任期未滿二年時，則不再補選。直轄市長出缺，由行政院派員代理，縣（市）長出缺，由內政部派員代理，鄉（鎮、

市）長出缺，由縣政府派員代理。

第六目　自治法規

地方制度法把地方自治團體機關所制定的法規分為三大類：

㈠自治條例。

㈡自治規則。

㈢委辦規則。

所謂自治條例是指地方自治團體立法機關所制定的規定。自治條例分：直轄市法規、縣規章、市規章、鄉規約、鎮規約、縣轄市規約。

地方自治團體立法機關應在憲法及法律所形成的範圍內，針對自治事項訂定自治條例。自治條例當然涉及自治區域內之人、事、關係及組織問題。地方制度法還特別規定，直轄市法規、縣規章、市規章得對於違反行政義務者課以制裁。制裁方式有：

㈠罰鍰。最高十萬元，得連續處罰。

㈡勒令停工。

㈢停止營業。

㈣吊扣執照。

㈤禁止在一定期限內為特定行為。

自治條例經地方自治團體立法機關議決後，應函送各地方政府公布。但若有下列原因之一時，則不予公布：

㈠認為窒礙難行，而提起覆議。

㈡因與上位階法規牴觸，報請上級政府函告無效。

㈢質疑與其他法令發生牴觸，報請上級政府函告無效。

㈣質疑與其他法令發生牴觸，報請上級政府聲請司法院解釋。

若自治條例送上級政府核定，上級政府應於一個月內為核定。逾期未核定，視為核定。各地方政府應於核定文送達後一個月內公布。

自治條例自公布日起算之第三日生效。但特定有施行日時，以該日為生效日。各地方政府未於法定期限內公布時，則自該期限屆滿之日起算之

第三日生效，同時另由地方立法機關為發布或由上級核定機關發布。

自治條例與憲法、法律、法規命令、上級地方自治團體之自治條例牴觸時，無效。直轄市自治條例之無效，由行政院函告。縣、市自治條例之無效，由中央主管機關函告。鄉、鎮、縣轄市自治條例之無效，由上級縣政府函告。

所謂自治規則，是指地方政府針對自治事項依職權所訂之規定，或依法律授權所訂之規定或依自治條例授權所訂之規定。自治規則應定名為「規程」、「規則」、「細則」、「辦法」、「綱要」、「標準」、「準則」，並冠以地方自治團體名稱。

自治規則由地方政府發布，並自發布日起算之第三日生效。但若特定有施行日時，則自該日生效。經上級機關核定之自治規則，應於核定文到後三十日內發布。未於三十日內發布時，則自期限屆滿之日起算之第三日生效，同時另由核定機關發布。自治規則於發布後，應分別函報有關機關備查：

㈠基於法律授權訂定者，報該法律之中央主管機關備查。

㈡依職權訂定或依自治條例授權訂定者，報上級政府備查或報地方立法機關查照。

自治規則與憲法、法律、法規命令、上級地方自治團體之自治條例相牴觸時，無效。自治規則與同一地方自治團體之自治條例相牴觸時，亦無效。直轄市自治規則之無效，由行政院函告。縣、市自治規則之無效，由中央主管機關函告。鄉、鎮、縣轄市自治規則之無效，由上級縣政府函告。

所謂委辦規則，是指地方政府為辦理委辦事項，而訂定之規定。委辦規則分兩種：

㈠地方政府依職權所訂定者。

㈡地方政府基於法律授權或中央行政命令授權而訂定者。

委辦規則與憲法、法律、國家所訂之命令牴觸時，無效。委辦規則之無效，由委辦機關函告。

如前所述，地方制度法所舉地方自治法規的形態十分繁多。但其中一

些概念是否能納入於傳統所稱之法源種類之中，不無疑問。例如，地方政府依職權或依法律授權所定者，是否為行政規則或法規命令，而地方政府在委辦事項中依職權或依法律授權所定者，是否為行政規則或法規命令。其他的地方自治法規形態，也有類似質疑。若地方制度法中的分類沒有合理的理由，恐怕僅能製造混亂。

第七目　自治監督

地方自治應受監督，監督機關為國家機關或上級地方政府。

監督方法有下列各種：

一、撤銷、變更、廢止、停止執行

地方政府辦理自治事項或委辦事項違背其應遵行之規定時，應由監督機關予以撤銷、變更、廢止或命停止執行。此又可細分為下列幾種情形：

1. 直轄市政府辦理自治事項違背憲法、法律、法規命令時，由中央主管機關報行政院予以撤銷、變更、廢止或命停止執行。

2. 直轄市政府辦理委辦事項違背憲法、法律、中央行政命令、逾越權限時，由中央主管機關報行政院予以撤銷、變更、廢止或命停止執行。

3. 縣、市政府辦理自治事項違背憲法、法律、法規命令時，由中央主管機關報行政院撤銷、變更、廢止或命停止執行。

4. 縣、市政府辦理委辦事項違背憲法、法律、中央行政命令、逾越權限時，由委辦機關予以撤銷、變更、廢止或命停止執行。

5. 鄉、鎮、縣轄市公所辦理自治事項違反憲法、法律、中央行政命令、縣規章時，由縣政府予以撤銷、變更、廢止或命停止執行。

6. 鄉、鎮、縣轄市公所辦理委辦事項違背憲法、法律、中央行政命令、縣規章、縣自治規則時，由縣政府撤銷、變更、廢止或命停止執行。

二、代行處理

地方自治團體之機關依法應作為而不作為，致嚴重危害公共利益或妨

礙地方政務正常運作時，行政院或中央主管機關或縣政府得命於一定期限內為之，逾期不為，即命代行處理。若情況急迫，則可直接命代行處理。

行政院、中央主管機關或縣政府命代行處理，應通知被代行處理機關及其所屬地方自治團體的相關機關以及為代行處理之機關。代行處理通知抵達被代行處理機關時，代行處理機關即發生代行處理的權利。

代行處理支出之費用，由被代行處理機關負擔。

三、停　職

直轄市市長有下列情形之一時，由行政院停止其職權之行使：

1. 涉嫌犯內亂、外患、貪污治罪條例或組織犯罪防制條例之罪，經第一審判處有期徒刑以上刑者。但涉嫌貪污治罪條例中之圖利罪者，須經第二審判處有期徒刑以上刑。
2. 涉嫌犯前款以外之法定刑為死刑、無期徒刑或最輕本刑為五年以上有期徒刑之罪，經第一審判處有罪。
3. 依刑事訴訟程序被羈押或通緝。
4. 依檢肅流氓條例規定被留置。

但若被改判無罪、撤銷通緝或釋放時，應准予復職。經判決確定而判決結果不屬於前述應予解除職務之原因時，則應予復職。

停職人員依法參選而再度當選原公職並就職時，則不適用前述規定。

四、解除職權

地方首長或議員及代表有下列原因之一時，由行政院解除其職權：

1. 法院判決確定當選無效或法院判決確定選舉無效。
2. 犯內亂、外患或貪污罪經判決確定。
3. 犯組織犯罪防制條例之罪，經判處有期徒刑以上之刑確定。
4. 犯前述 2. 及 3. 以外之罪，受有期徒刑以上之刑判決確定，未受緩刑宣告或未易科罰金。
5. 受保安處分或感訓處分之裁判確定，但因緩刑而付保護管束者，不

在此限。

6.戶籍遷出行政區域達四個月以上。

7.受禁治產宣告尚未撤銷。

8.褫奪公權尚未復權。

9.地方制度法或其他法規所規定之原因。

在前述 1.至 4.之情形中，若經過再審或非常上訴判決無罪時，應撤銷解除職權之決定。在前述 5.的情形中，若保安處分被撤銷或感訓處分經重新審理而為不付感訓之處分時，應撤銷解除職權之決定。在前述 7.之情形中，若法院判決撤銷宣告禁治產時，則應撤銷解除職權之決定。但原任期已屆或尚未屆滿但已由選舉機關公告補選時，則不得撤銷解除職權之決定。

地方首長罹患重病致不能執行職權達六個月，應予解除職權。議員及代表連續未出席定期會達二會期時，應解除職權。

第八目　檢　討

臺灣地區的地方自治制度，是長期經驗累積出來的結果，但缺乏法理方面的驗證與基礎。從法學的角度來看，目前地方自治制度實是一團混亂。其中許多概念不是欠缺就是模糊不清。有些規定則是互相扦格。

臺灣地區的地方自治制度應重新從下述基本立場來思考：地方自治團體是一個與國家相互區隔的法人。而此法人享有自主的立法及執行權。而地方自治團體的自治範圍，則不得由國家干預，即國家不得對之為立法或指揮。國家對於地方自治團體針對自治範圍，僅有監督權。國家與地方自治團體間存在法律關係。此種關係是兩個法人間的關係。國家機關與地方自治團體機關之間——除極少數的特殊情形外（如：基於行政協助而生的法律關係）——不可能存有法律關係，因為「他們被法人的外殼所隔絕」了！地方自治團體相互間也不得涉入他方之自治範圍。而地方自治團體相互間關係也是法人之間的關係。

以前述立場為出發點，才有可能合理地推演出進一步的結果，如：各地方自治團體應享有之自治事項為何，自治權的意義、性質及範圍為何，

各地方自治團體應享有的自治區域及其性質為何，自治人民應有之權益為何，國家與地方自治團體間及地方自治團體相互間的關係為何（特別是監督關係的內涵為何），自治機關的性質、種類及職權為何。

當然，整個制度的形成仍然要參酌其他的觀點。但若缺乏一些基本的立場而僅隨著各種觀點跑，則可能出現法理上不能說明的現象。地方自治制度可否稱之為「制度」，不言可喻。

第五節　農田水利會

農田水利會是由會員所形成的公法人，即公法社團。農田水利會的社員是指在農田水利會事業區域內有農地或使用農地者。會員的權利義務，主要涉及灌溉水源的使用及參與管理。

農田水利會的職權是：以人為方法控馭及利用地面水及地下水來灌溉農田。析言之，農田水利會的職權有二：

㈠控馭地面水及地下水，包括了興建、維修及管理各種必須的農田水利設施。

㈡統籌分配地面水及地下水在農田灌溉方面的使用。

中央主管機關首應劃分農田水利會事業區域。每一區域中僅設置一個農田水利會。

農田水利會之設立，分發起設立及指定設立。所謂發起設立，是由農田水利會事業區域中具有會員資格者五十人以上發起設置農田水利會。指定設立，是由中央主管機關指定之人員及聘請之人士共同設置農田水利會。無論是發起設立或是指定設立，皆需先由發起人或指定及聘請之人士設置「籌備機構」，並由此籌備機構向主管機關提出申請。申請應以農田水利會組織章程及其他相關文件為之。主管機關核准時，農田水利會即告成立；主管機關核准，使農田水利會組織章程生效，農田水利會因其組織章程生效而告設立。

農田水利會為法人，因此設有機關為其形成意思及為各種行為。農田水利會的主要機關有：會長、會務委員會以及其他各機關，如：工務、管理、財務、總務、人事、會計等等。會長由會員直接投票選舉產生。會長對內綜理業務、指揮所屬員工及事業機構，對外代表農田水利會。會務委員會置會務委員十五人至三十三人，由具選舉權之會員分區選舉產生。會務委員會會議由會長召集，但會議主席則由與會者推選之。會務委員會之職權僅是就會務的重要事項為決定，例如：審議組織章程及會員權利義務事項、議決工作計畫、審議不動產之處分、設定負擔或超過十年之租賃、審議借債及捐助事項、審議預算及決算、議決會長及會務委員提議事項、議決會員請願事項等。很顯然的，相關法律（農田水利會組織通則）並未賦予農田水利會自治事項及在此事項範圍內得自為立法的權限。農田水利會僅在於執行國家法令，且農田水利會僅在執行法令範圍內，為必要的決定。而一些重要決定則由會務委員會為之。由此來看，農田水利會雖為公法社團，但卻不是具有自治性質的公法社團。

第六節　行政法人

行政法人為行政主體之一。「行政法人法」規制了有關行政法人的設立、解散、組織、運作及監督等方面的基本原則。但個別行政法人的設置，則必須另行立法。立法模式有二：㈠針對特定的行政法人制定個別的法律；㈡針對特定種類的行政法人制定通用性的法律。行政法人由國家的目的事業主管機關或其他機關依前述法律設置。

行政法人的任務，在於執行特定的公共事務。但行政法人得執行的公共事務必須符合下列規定：

㈠具有專業需求或須強化成本效益及經營效能者。

㈡不適合由政府機關推動，亦不宜由民間辦理者。

㈢所涉公權力行使程度較低者。

　　行政法人設置董事會或理事會或首長一人，監事會或監事，執行長一人以及其他人員。

　　行政法人可以訂定下列規定：

　　㈠有關人事管理、會計制度、內部控制、稽核作業及有關其他事項的規定。

　　㈡有關執行之公共事務的規定。

　　行政法人由國家之目的事業主管機關為監督。

　　依據行政法人法第四一條的規定，直轄市、縣及市得制定自治條例來設置行政法人。但此種行政法人執行之公共事務，應經國家目的事業主管機關的核可。

　　依「行政法人法」所設置的行政主體，在性質上是屬於公法社團或公法財團或是公營造物，則應視未來的發展而定。

　　目前已設置之行政法人有：國家表演藝術中心（原國立中正文化中心）、國家中山科學研究院、國家災害防救科技中心及國家運動訓練中心。

　　以國家表演藝術中心為例，該中心是由國家戲劇院、國家音樂廳、衛武營國家藝術文化中心以及臺中國家歌劇院所組成的公營造物，其組織包含董事會、監事會、藝術總監及其他人員。國家表演藝術中心的主要任務在於前述四機構之經營管理、表演藝術文化與活動之策劃、行銷、推廣及交流，其監督機關為教育部。

第 *4* 章

行政行為

第一節　行政行為應遵守的基本原則

德國憲法揭示了四大原則：民主原則、法治國原則、社會國原則及人民基本權利。而德國實務與學說由這些原則演繹出不少原則，如：依法行政原則、誠信原則、禁止權利濫用原則、信賴保護原則、平等原則、自律原則、禁止恣意原則、禁止不當連繫原則、明確性原則、比例原則等。前述各種原則是德國法制上行政機關為行為時，應遵守的基本原則。

今不論我國憲法有否類如德國憲法上的基本原則，可以確定的是，長期的憲政經驗並未從憲法中的一些規定演繹出更具體或細緻的原則。但最近的數十年中，司法院大法官則嘗試經由釋憲的機制把德國法制上的一些原則「解釋入」我國憲法中。也就是說，把德國法制上的規定在我國憲法上找個安身立命的地方。繼受外國法制無可厚非，有時還有必要，但是方法應予斟酌。解釋不同於立法。其次，司法院大法官為司法機關，因此，司法院大法官有某種程度及範圍的造法功能。但是，此種功能的上限，宜予釐清。另一方面，行政程序法把德國法制上的一些基本原則予以納入，例如：行政程序法第五條（明確性原則），第七條（比例原則），第八條（誠信原則）。

若德國法制上的基本原則在我國制定法中可以找到依據，固然可以予以適用，但若在我國制定法中找不到依據時，則可以設法證明其屬於法基本原則，而予以適用。行政程序法第四條規定：行政行為應受法律（即：制定法）及一般法律原則（即：法基本原則）的拘束。而該條所稱的一般法律原則，當然不限於前揭反映在德國法制上的基本原則。

在下文中，將就幾個重要的基本原則為說明。

一、誠信原則

所謂誠信原則，是指在任何一種關係中，應為該為之行為。誠信原則

由法治國原則演繹出來。誠信原則適用於行政主體的各機關及人民。換言之，誠信原則不僅適用於立法機關及司法機關，也適用於行政機關與人民。

由誠信原則可以演繹出二個原則：

㈠禁止權利濫用原則。行政機關或人民不得利用法律上所規定的權利，來達到非法律所欲達成的目的。

㈡信賴保護原則。若行政主體的機關的行為賦予人民特定的法律上地位，而人民以此行為作為依憑進一步為決定或行為時，亦即：人民對於行政主體機關的行為發生信賴時，則該機關不得再為有違人民信賴的行為，而傷害人民的利益。

誠信原則適用於行政機關的範圍甚廣，例如：

㈠行政機關應依解釋方法適當地解釋法規。行政機關不得任意引用不當條文，作為決定的依據。行政機關不得任意訂定溯及既往適用之法規命令，致對人民發生不利影響。

㈡行政機關在行政程序中應照護人民的權益，例如：向其說明有利或不利之處，協助人民為各種程序中之行為。行政機關不得對人民為隱瞞，致其遭受不利影響。此外，行政機關應同時斟酌對人民有利及不利的情形。

㈢行政機關不得為前後矛盾的行為。

㈣因可歸責行政機關本身的事由致延滯決定時，行政機關不得把其間所發生對人民不利的因素，作為考量及決定的依據。

㈤行政機關為行為時，不得故意刁難。

二、平等原則

平等原則是由正義原則所演繹出來的兩大原則之一。平等原則是指：「相同者，應給予相同的待遇」，反之「不同者，給予不同待遇」。至於何者相同或不同，則必須另行樹立標準，來予判斷。

平等原則不僅適用於行政機關，也適用於立法及司法機關。由平等原則可以演繹出行政機關的自律原則。所謂自律原則是指，行政機關對於相

同的事實，一直為相同的行為時，則在未來亦應對於相同的事實，為同樣
的行為。換言之，行政機關應遵循以往的實踐。若行政機關把此種實踐納
入行政規則，則人民得基於自律原則要求行政機關遵守行政規則。

違反自律原則的例子如：A 機關對於災害救濟的申請，一直要求在申
請書中敘明災難發生經過以及損失評估。A 機關對於未敘明災害發生經過
之申請，向來要求補正，而對於未敘明損失評估的申請則予駁回。今若 A
機關對於甲所提之申請案，因未敘明災害發生經過，即予駁回，則是有違
自律原則。

由平等原則可以演繹出禁止恣意原則。禁止恣意原則適用於立法機關、
司法機關及行政機關。對於行政機關來說，禁止恣意原則是指，行政機關
在為行為時，應斟酌與事實及規定相關的觀點。若行政機關引用與事實及
規定無關的觀點來做成行為，即是恣意，而違反禁止恣意原則。

違反禁止恣意原則，如：口試委員甲與考生乙熟識，而乙請求甲在口
試時多予照顧。今若甲在口試時對於乙之評分並非依據規定的評分標準為
之，而是基於照顧乙的立場而為時，則是違反禁止恣意原則。

三、禁止不當連繫原則

禁止不當連繫原則是由法治國原則及禁止恣意原則演繹出來的。所謂
禁止不當連繫原則是指，行政機關向人民或與人民共同為行為時，不得把
該行為與不相關的（在人民方面的）行為相連繫。析言之，行政機關不得
向人民要求為特定但不相關的行為作為其為行為的條件，或者在與人民所
為的意思合致（行政契約或契約）中，要求人民為不相關的行為。

違反禁止不當連繫原則的例子，如：設若依規定，車輛超速應予二千
元至七千元間之罰鍰。今交警甲逮獲乙超速，欲依規定給予乙罰鍰。甲向
乙索賄三千元，並因此而對乙為二千元之最低罰鍰。交警甲的罰鍰行為以
乙之賄賂行為為條件，兩者間發生不當連繫。

四、明確性原則

明確性原則是由法治國原則及依法行政原則演繹出來的。明確性原則適用於立法機關、司法機關及行政機關。

若明確性原則適用於立法機關，則表示立法機關所制定的法律應明白而確定，從而使人民得以知曉法律所許可或禁止之事項為何，以及行政機關對其得為之行為為何與如何救濟。若立法機關在法律中授權行政機關訂定法規命令或授權自治團體訂定自治規章時，則應明白揭示授權的內容、目的與範圍。立法機關在法律中授權行政機關為行政處分時，亦應符合前揭條件。

另一方面，行政機關所為之行為，如：法規命令及行政處分，亦必須符合明確性原則，對於人民來說相關法規命令及行政處分才具有可預測性，而可以作為判斷、決定及為行為的準據。自治團體制定之自治規章，亦應符合明確性原則。

五、比例原則

比例原則是由法治國原則及人民基本權利演繹出來的。比例原則適用於立法機關、司法機關及行政機關。

行政機關所為行為要符合比例原則，必須通過下列三個條件的測試：

㈠行為是適合的，亦即：行政機關所採的行為是能達到目的的有效方法。

㈡行為是必要的，亦即：行政機關所採的行為，是所有適合的方法中，對人民影響最小的方法。

㈢行為是適度的，亦即：行政機關所採的行為對人民所造成的不利益與行為所欲達成的公共利益應相當，即兩者間應求得均衡。

比例原則之適用，舉例說明如下：

某個小餐飲店，因座落於前往某觀光區之必經之途，而致生意日漸興隆。遊客逐漸在此店通宵達旦飲酒。遊客在店內外的喧譁聲及汽車進出小

店附近場所之聲音終於影響周邊住戶之晚間睡眠而害及健康。住戶向主管機關陳情，希望採取措施改善店內外喧鬧的情形。主管機關承辦人員經考量，認為可以採行下列方法：

　　㈠在小店張貼「輕聲細語」的告示。

　　㈡要求小店採取減輕店內噪音的措施。

　　㈢在小店附近設置禁止停車之告示。

　　㈣禁止小店在晚上十時以後營業。

　　㈤命令小店停業。

　　㈥拆除小店之建築。

　　以上各方法，應採用何者？

　　上揭㈠之方法不可行。因為要求遊客在店中輕聲細語，無異是緣木求魚。上揭㈡之方法固然可以減輕來自店內的喧譁，但卻不能減輕來自店外之喧譁及汽車所造成的噪音。上揭㈢之方法固可減輕來自汽車之噪音，但卻不能減輕來自遊客在店內及店外之喧譁。上揭㈣之方法可以消除在十時以後來自店內外的喧譁，而一般民眾就寢時間亦在十時以後，故為可行。而上揭㈤及㈥之方法當然可以達到消除噪音之目的，而保護民眾健康。

　　上揭之㈣、㈤、㈥等方法固然是適合的方法，但其中以㈣之方法屬必要的，因其對人民之不利影響最小。

　　上揭㈣之方法可以保障民眾健康，同時也影響小店主人的部分營業收入。但是否適度，仍可斟酌，即小店主人所受損失仍有可能予以減少。行政機關可以考慮把星期六晚上之營業時間延長至十二時。因為一般民眾在星期六的就寢時間亦可能延後。因此，行政機關最後決定採行之方法是：星期一至星期五營業至十時，星期六營業至十二時。

第二節　行政行為的形態

第一項　概　說

　　行政主體為達到實現其職權的目的，必須為各種行為。換言之，行政主體透過各種行為，來達成其職權。行政主體的行為可分為外部行為及內部行為。外部行為是指行政主體向外所為的行為，亦即向人民及其他對象所為的行為。此種行為，例如：法規命令、自治規章、行政處分、行政契約、行政計畫、事實行為、行政單方行為等等。內部行為是指在行政系統內部所為的行為，此種行為大都發生於行政主體之間，行政機關之間或機關人員之間。內部行為，例如：行政規則、抽象性或具體性的指示、委任、機關間的委託、行政協助等等。而內部行為，在性質上也可能是一種事實行為或行政契約。前者，如：海岸巡防署派船載運漁業署漁業檢查員至漁船作業海域（行政協助）；後者，如：新北市為處理臺北市垃圾之事宜，而與臺北市簽訂行政契約。

　　行政程序法僅把一種內部行為（行政規則）及四種外部行為（法規命令、行政處分、行政契約、行政計畫）納入規制。但行政程序法並無排除其他行為的意旨，而僅是針對少數特定行為設置了必要的規範。行政主體為行政程序法上所揭之行為時，當然應遵照行政程序法上的相關規定。但另一方面，有關行政主體職權的規定，大都採用下列原則：為達到落實職權之目的，行政主體機關得為各種適當的行為。因此，許多職權規定，都未指出行政主體機關為落實職權之目的而應採取的行為，而是由行政機關自己斟酌決定應為之行為為何。行政主體機關得採用行政程序法所揭行為或加以調整為另一行為而為之或另行發展出新的行為種類。當然，若法對於特定職權的落實明定應為之行為時，則應依此為之。

　　行政主體為落實職權的目的，有時也依據私法規定而為行為（私法行為），例如：為取得辦公處所，而簽訂租賃契約。此外，行政主體也會依據私法規定設置私法性質的主體，並由該主體來為私法性質之行為，以達到落實其職權的目的。此種私法性質的主體，如：公營事業。

　　法規命令、行政規則及自治規章在其他地方為說明，在下文中，僅針對事實行為、私法行為、行政處分、行政契約、行政計畫及行政單方行為為說明。

第二項　事實行為

　　事實行為是指，非以意思表示為構成要素的行為。因此，事實行為不是以引起特定法效為目的之行為，事實行為是以引起特定的實際狀況的發生為目的之行為。但有時，規定也會賦予某些事實行為引起特定的法效。

　　事實行為可以分為知的表示與工作完成。所謂知的表示，是指行政機關把知曉的狀況予以表達出來。例如：戶籍謄本的發給、行政機關向人民提供資訊、行政機關為人民提供研究報告、調查報告或鑑定報告、外交部對於文件的認證。工作完成，如：行政機關為人民辦理講習或訓練、修築道路、收運垃圾、舉辦展覽、醫療行為、視察災情、運輸人員或物品等等。

　　事實行為是行政機關在行政法領域中所為的行為，故可稱之為「行政事實行為」。事實行為不得與憲法及行政法中相關規定相牴觸。事實行為應由有權機關為之，並符合作成的條件。若事實行為是在自由行政範疇中作成時，特別應遵守比例原則及人民的基本權利規定。

　　違法事實行為所生的效果是：行政機關應終止違法的事實行為以及回復違法事實行為前的狀況。人民對於前述行政主體的義務，享有請求權，即結果排除請求權。此外，人民亦可依據國家賠償法向行政主體主張損害賠償請求權。

　　行政程序法上所稱行政指導，在性質上屬於事實行為。所謂行政指導，是指行政機關在其職權範圍內，為實現特定的行政目的，促使特定人為一

定作為或不作為之措施，例如：勸告、建議、協助或輔導等。所謂的道德勸說，僅是行政指導的一種態樣。行政指導對於相對人不會發生任何法律上的效果。因此，也沒有強制執行的可能。被指導人得明白拒絕指導。此時行政機關應即停止，也不得強行指導。

行政機關為行政指導時，應向受指導人明示行政指導的目的、內容及負責指導者及其他相關事項。此項明示得以書面、口頭或其他方式為之。

第三項　私法行為

所謂私法行為，是指行政主體依私法而為之行為。此種行為包括了由行政主體直接所為者，以及由行政主體所設置的私法主體所為者。

行政主體為了實現其職權而需要各種物件。為了獲得物件，行政主體依私法為各種法律行為，例如：為備置辦公所需之紙筆而簽訂買賣契約；為備置辦公處所而簽訂房屋租賃契約。此種行為謂之「行政之協助行為」。

行政主體為實現其職權之目的，依私法規定所作成的行為，謂之「行政私法行為」。此種行為通常發生於供給行政領域中，例如：行政主體為提供水、電、瓦斯而與人民簽訂私法契約。有時行政主體會以公法上行為來搭配私法上行為來達到目的。例如，行政主體先以行政處分來同意對於甲企業為貸款，再與甲簽訂私法借貸契約，並依此契約為給付，來達到貸款的目的。此種公法行為與私法行為相結合的模式，謂之「二階段理論」或「二階段模式」。

行政主體有時也會先依私法設置私法主體，即公營事業，然後再由公營事業與人民簽訂私法契約，來達到落實行政主體職權的目的。公營事業之設置行為與公營事業與人民間的契約行為皆屬於「行政私法行為」。

行政主體以營利為目的，依私法所為的行為，謂之「營利行為」。例如：行政主體購置股票、販售其所經營農場之產品。有時行政主體亦依私法設置私法人或參與其他私法人，透過此私法人的活動來獲取利益。設置及參與私法人之行為以及私法人所為的行為，皆屬於此地所稱的「營利行為」。

　　行政主體在私法領域為私法行為，是否一如為公法行為時，應有公法中各種相關規定的適用？一種說法認為，行政主體為前述的行政之協助行為及營利行為，不必受制於公法的規定，因其僅單純地獲取物件或謀取利益。反之，行政私法行為是以實現行政主體之職權為目的，因此應受公法相關規定的限制。此種主張是否可行，值得商榷。行政主體雖然是以私法主體身分為私法行為，但行政主體根本上是公法主體，而且是以公法主體身分進入私法領域取得私法主體身分，進而依私法為行為。因此，基本上行政主體在私法領域中為行為，仍不能完全擺脫原來公法對其所設的各種規定。當然，哪些規定應予適用，哪些規定不宜適用，則應進一步分別認定。例如：行政主體得為何種私法上行為，仍然依公法性質的組織法來確定。其次，憲法位階高於法律，因此憲法規定在私法領域亦應有其適用，特別是基本權利中的平等權的規定。一個契約的簽訂，亦不得違反平等權。

第四項　行政處分

第一目　行政處分的意義

　　所謂行政處分是指，行政機關，針對個案，依公法所為之具有向外效力及規範性的行為。此項行政處分的意義，析述如下：

一、行政機關

　　行政處分係出自行政機關。行政機關是指行政主體中以處理公共事務為職權的機關。所謂行政主體，依現行制度包括了國家、地方自治團體、農田水利會及行政法人。

　　有些行政主體的機關雖非行政機關，但有時也為與公共事務相關的行為。就此與公共事務相關的行為來看，該等機關也是行政機關，例如：立法院於會議時，會議主席命任意侵入的人員離場。

二、行　為

行政處分在基本上是行政行為的一種，而此種行為在本質上是意思表示，並且是公法上的意思表示。所謂意思表示是指「將內部的法效意思，表達於外部」。法效不外是指發生權利義務，或消滅權利義務，或變更權利義務之各種情形而言。

意思表示的方法，必須是積極的作為，亦即以文字、語言或身體動作為表達。

意思表示在基本上，是由機關人員在其職權範圍內作成，而此種機關人員在其職權範圍內作成之行為，則屬於機關的行為。但是，有許多行為——至少在外觀上——並非由機關人員「直接」作成，而是由「機器」作成，例如：交通號誌打出紅燈或綠燈；電腦作出退補繳稅款數額之決定。此種情形是否仍為此地所謂的行為，進而可被視為行政處分？前揭情形並非是由機器完全自主而作成（事實上也不可能！），而是在人為的控制下作成，也就是說，它是在機關人員的直接操作或安排下而完成之行為。換言之：行為是機關人員利用機器而完成的。因此，行為仍然是由機關人員所作成，而機器則是完成行為的工具。

三、規範性

如前所述，行政處分在基本上是意思表示，因此，行政處分必定是針對特定對象（行政處分相對人），設立、變更或消滅權利義務。換言之，行政處分以引起法效為目的。透過「引起法效」，亦即：「設立、變更或消滅權利義務」，行政處分規制其相對人的法律地位。基此，行政處分具有規範性。

由於行政處分，設立、變更或消滅其相對人的權利義務，因此，行政處分必然地形成此相對人的法律地位。通常行政處分所形成的法律地位異於行政處分之前的法律地位。但是，有時行政處分所形成的法律地位無異於行政處分之前的法律地位。此時，行政處分仍然是形成特定對象的法律地位，只不過行政處分前的法律地位與行政處分所引起的法律地位，並無

不同。最顯著的例子是所謂的「再決定」。行政機關依職權或依申請而重新審查以前所為之行政處分。因重新審查而做的新決定，謂之再決定。再決定的內容可能與前所為之行政處分相同，也可能不同。在前者情形中，再決定所引起之法律地位與前行政處分所引起者並無不同。但再決定的出現使前行政處分喪失效力，其所引起之法效亦由再決定引起之法效取代之。

再決定異於重複指示。重複指示是一種知的表示，亦即：將前行政處分的內容向其相對人為揭示。

「拒絕」是否為行政處分？所謂拒絕，是指行政機關否定的決定，亦即，行政機關否定特定人的請求（申請）。拒絕是否為行政處分，依其「正面」行為是否為行政處分而定。析言之，若行政機關肯定回應申請而做之決定屬行政處分時，則其反面之決定（即：拒絕），亦屬行政處分。若行政機關之肯定回應申請所為的不是行政處分（例如：事實行為），則其反面之決定（拒絕），則非行政處分。

四、個　案

行政處分是規制特定的個案，而個案是指與行政處分對象相關的事項。因此該事項是具體的。若行政處分所涉事項是具體的，則行政處分的對象必然是特定的。「具體事項」與「特定對象」是息息相關的。若一個行政主體機關所為之行為是對於不特定的（概括）對象及非具體（抽象）的事項為規制，該行為即不可能是行政處分，而是一個概括、抽象的規定，一般所稱的「法律」（形式意義），即屬此種性質。

特定對象可以是單一。例如：行政機關命甲將其在基隆市北寧路五號房子上的違建予以拆除。特定對象也可以是多數。例如：行政機關因地震命甲村的二十個住戶遷往 A 學校暫住。在此例中，行政處分的對象仍屬特定，但屬多數，即：二十個住戶中的成員。而事項則是，二十個住戶的「共同事項」，即：遷往 A 學校暫住。

行政處分所涉的事項可以指單一事項。例如：前例中行政機關命甲將其在基隆市北寧路五號上的違建予以拆除。該例中之拆除基隆市北寧路五

號房子上違建，即屬單一事項。行政處分所涉的事項也可以指多數相同事項。例如：行政機關要求甲工廠，將廢水處理後始得排放入 A 河川中。在前例中，「甲工廠應將廢水處理後始得排放入 A 河川中」，是指在行政處分生效後之每次的排放而言。

　　行政處分在作成時，必須明確的確定其對象為何或至少可以確定其對象為何，如此，相關的事項才具有具體的性質。但有一種行政機關所為的行為，是否屬於行政處分，則有質疑。例如：警察機關禁止人們進入國父紀念館周邊園區。該行為禁止的對象並不是特定而是概括的。若把前揭行為看成是概括而抽象的規定，則該行為即不應由行政機關為之，而應由立法機關為之。但若我們著眼於下面的一個觀點，則有可能把前例中的行為看成是行政處分：前例中的「人們」仍是可以進一步加以確定的，亦即：人們是指正在著手進入及已經進入者。基此，行政處分的對象可以經由確定的活動而成為特定，而與此等對象相關的事項即屬具體。質言之，凡一個行政機關的行為，是以一個人群為規制對象，而此對象得進一步予以特定時，該行為亦為行政處分。該種行政處分異於前揭典型的行政處分，故謂之一般行政處分。

　　一般行政處分尚包括下列一種情形：凡在行政行為作成時，相對人部分確定，但在未來得以完全確定時，則有關之行為屬一般行政處分。例如：十字路口之交通號誌。在亮紅燈時，在路口之駕駛人為該行為之相對人。但在紅燈亮的期間中，繼續駛往路口之駕駛人也逐一成為行為之相對人。換言之，在行為作成時（亮紅燈時）相對人部分確定（在路口之駕駛人），而在後來的時間裡（在亮紅燈期間），因其他駛至路口之駕駛人之加入，而使相對人完全確定。

　　公物之設定、廢除及變更之行為，並無明確之特定人及具體事項，因此要把此種行為定性為行政處分，十分困難。但法得例外地將其規定為行政處分。此外，行政機關所訂有關公物使用之規範，因無特定之人及具體事項，也很難定性為行政處分，但法得例外地將其規定為行政處分。

　　行政程序法第九二條第二項明定規制公物之設定、變更、廢止及其使

用之行為屬行政處分。

五、對外效力

如前所述，行政處分係對於特定人為之。此地所謂的「人」係指行政系統之外者而言。由於行政處分是以機關所屬行政系統以外者為相對人，故謂行政處分具有對外效力。反之，行政機關若以行政系統內之機關或機關人員為對象所為之行為，則非行政處分。此種行為僅為行政系統內部行為。

國家機關在監督關係中，對於公法團體所為之行為，不屬於行政處分，但訴願法則有特別規定。國家機關因委託事項之執行，對於受託之公法團體機關所為之指示，亦非行政處分。

若一個行政處分之作成，需要他機關的協力，謂之「多階段行政處分」。例如：甲機關在給予人民許可之前，應先獲得上級機關 A 之核准，此核准即為「他機關的協力」。由於核准缺乏向外效力，因此非行政處分，而僅是行政處分作成的先決條件。但許可則為行政處分。

早期的見解認為，行政機關在特別權力關係中所為之行為，並非行政處分。因為特別權力關係是「法外關係」，並非法律關係，是故，行政機關在特別權力關係中所為之行為，非依法而為之行為，既然非依法而為之行為，當然不可能是行政處分。現代部分學說雖認為，特別權力關係是法律關係，但行政機關在特別權力關係中所為之行為，仍非行政處分。因為，若將此種行為視為行政處分，則此種行為得依行政救濟之管道予以撤銷，而有害或阻礙特別權力關係存立之目的。但是，德國學者 Ule 於一九五七年首先主張把特別權力關係分為兩部分：一部分是基本關係，一部分是管理關係。依 Ule 之見，凡是對於特別權力關係者（即：在特別權力關係中者）之地位（即：特別權力關係地位）發生影響的行為，屬於基本關係。該行為屬於行政處分。反之，若行為在實際上不對特別權力關係者之地位發生影響時，則屬管理關係。該行為非行政處分。基此，則公務員之撤職、休職、降級、減俸、記過等制裁方法以及停職等皆屬於基本關係，而是行政處分。由於制裁方法具有行政處分性質，因此，有關公務員得依行政救

濟管道尋求救濟。此種結果似乎難為一般所接受，且與有關公務員懲戒及行政救濟制度不合。德國聯邦行政法院於一九八〇年提出另一項見解，來區分基本關係與管理關係。其見解是：以行為是否以特別權力關係中之身分作為先決條件（即：行為之對象）來決定其屬基本關係或管理關係。析言之，凡以特別權力關係中之身分作為行為之先決條件時，該行為屬於管理關係，反之，不以特別權力關係中之身分而是以原來法律主體之身分作為先決條件時，該行為則屬於基本關係。基本關係中之行為，當然就有可能影響特別權力關係中之身分，此種行為，如：撤職。

六、依公法

行政處分必須是依據公法所作成的行為。依私法所作成的行為，則不可能是行政處分。至於行政處分所引起之法效是公法上或私法上的法效，則不影響行政處分的性質。

所謂「形成私法之行政處分」是指引起私法上法效的行政處分。此種行政處分又因其引起法效方式的差異而分兩種：

㈠**直接引起私法上法效的行政處分**：例如：漁業主管機關給予漁業權之許可，直接產生漁業權（漁業權是準物權）。

㈡**作為私法法律行為生效條件的行政處分**：例如：舊船員法第十二條第一項規定，僱傭船員應經主管機關核可，此核可是船員僱傭契約的生效條件（二〇一一年二月一日修正為「送請主管機關備查」）。

行政處分的意義如上，但是，行政處分的「名稱」不一而足，例如：「決定」、「處分」、「許可」、「拒絕」等等。但名稱的差異不影響有關行為為行政處分之性質。

凡是缺乏上述行政處分意義之要素中任何一個或一個以上的行政機關行為，皆非行政處分。此種行為謂之「非行政處分之行為」。例如：甲冒充交通警察要求檢查駕照、交通警察在訓練場所因受訓所為之指揮交通行為。此外，機關人員在直接強制之下（即：無自由意志下）所為之行為，亦屬「非行政處分之行為」。因在此情形中，行政機關欠缺法效意思，而不能成

立行政處分。

　　行政程序法第九二條第一項規定行政處分之意義。該條文所稱之行政處分意義，與前述者並無不同。但該條文係仿自德國行政程序法之相關規定。由於譯述的影響，致該條文字結構顯得怪異。該條稱行政處分為「單方行政行為」，但又同時稱其為「決定或其他公權力措施」，以致可能讓人誤以為行政處分包括上述三種情形。德國行政程序法有關行政處分意義條文中所稱的措施 (Maßnahme) 一詞實是最廣義的；舉凡行政機關所為者皆是措施。而措施可為進一步的分類，其中亦包括了行政處分。若行政程序法第九二條第一項以措施做為描述行政處分意義的出發點，則可採用下列模式：行政處分是指「具……之特質之措施」，或：「具……之特質之決定或其他措施」。其次，事件本身並無私法或公法性質之區分的可能。事件僅能依公法或依私法來確定其應引起的法律效果。而這個法律效果才有公法或私法之分。行政程序法第九二條第一項之「公法上具體事件」恐是「依公法針對具體事件」之誤。又，措施若係依公法所為，則基本上皆屬公權力措施，因此措施不必重複被冠以公權力一詞，來加以形容。基上所述，行政程序法第九二條第一項的文字宜改寫如下：本法所稱行政處分，係指行政機關針對具體事件依據公法所為之對外直接發生法律效果之單方行政行為（或：單方決定或其他措施）。

第二目　行政處分的種類

　　依行政處分的各種特質，可將行政處分做各種分類。

一、授益處分、負擔處分

　　依據行政處分對於其相對人所造成影響的利與不利，可將行政處分分為授益處分與負擔處分。

　　授益處分給予相對人利益，如：賦予權利，免除義務等。負擔處分則給予相對人不利益，如：加諸義務，剝奪權利，限制權利，確認具有某項義務等。前者例如：建築許可、給予貸款同意。後者例如：補繳短缺稅款

之決定、拆除違建之命令。

若行政處分同時給予其相對人利益及不利益，則該行政處分為混合處分，例如公務員之任命，不僅給公務員各種權利，也賦予各種義務。

有些行政處分不但對於其相對人發生影響，同時也會對於第三者造成影響。此地所謂之影響並非事實上的影響，而是對於第三者法律地位的影響。此種行政處分謂之「涉他效力之行政處分」或「具雙重效果的行政處分」。土地徵收即為涉他效力之行政處分。因該行政處分不但賦予需用土地人土地所有權，同時也剝奪原土地所有人之土地所有權。

二、命令處分、確認處分、形成處分、對物處分

依據行政處分內容的不同，可將行政處分分為命令處分、確認處分、形成處分與對物處分。

凡行政處分的內容係積極要求或消極禁止其相對人之特定行為時，該行政處分為命令處分。例如：要求拆除違建或補繳短缺的稅款、要求拆除在路上之障礙、要求停止不實之廣告宣傳。

命令處分所要求或禁止之行為，分作為、不作為與容忍。命令處分有被強制執行的可能，也經常需要強制執行。

所謂確認處分，是指對於一個法律狀況明確認定之行政處分。例如：確定某人國籍或選舉人住所。

形成處分是產生、變更或消滅公法或私法法律地位的行政處分。例如：內政部許可歸化或喪失國籍、交通部核准經營航運事業、公務員之任命及晉升等。

對物處分，是指設立、廢除或變更公物以及規範公物使用之行政處分。例如：指定商港、道路標識。

三、羈束處分、裁量處分、自由處分

依據行政機關在作成行政處分時，所受法規束縛程度的不同，可將行政處分分為羈束處分、裁量處分與自由處分。

　　若事實符合法規所定的條件，則「必須」為法規所定之行政處分時，此種行政處分謂之羈束處分。換言之：行政機關僅能為法規所定的行為，而無選擇之可能時，此時所為之行為是羈束處分。

　　行政機關為羈束處分時，根本沒有選擇的自由，而僅能為法規所定的行為。但是，法規經常會納入所謂的「不特定法律概念」。此種情形使得行政機關在為行為時，仍有相當程度的「判斷餘地」。基此，行政機關即有可能為因應不同之需要，而認定不特定法律概念的內涵，透過不特定法律概念，羈束處分受法規束縛的程度相對降低。

　　若法規讓由行政機關選擇為行政處分或不為行政處分，或者法規預定數種行政處分，而由行政機關選擇為之時，行政機關基於選擇而為之行政處分，謂之裁量處分。

　　有些時候，在具體的情況下，行政機關不可能就法規所列舉的數個行為中為選擇，而僅能就其中之一為之。換言之，實際的狀況迫使行政機關為法規所列舉行為中之一個。在此種情形中，行政機關的裁量——實際上——已萎縮至零，即：「裁量萎縮至零」。

　　在法律（形式意義）沒有明文授權的情形下，行政機關所為的行政處分，謂之自由處分。自由處分通常發生於供給行政領域中。

　　憲法並未把全部事項交由立法機關為決定，憲法僅把部分事項保留給立法機關為決定。此種事項，行政機關則不得涉入而僅能依立法機關的決定為執行。此種憲法保留給立法機關的情形，謂之法律保留。法律保留之外的事項，則「亦」可由行政機關為決定，析言之：法律保留之外的事項，仍由立法機關為決定，但若未決定，行政機關可自為決定。在此種「自為決定」的範圍內，行政機關所為之行為——若符合行政處分之條件——即是自由處分。

四、依職權之處分、需申請之處分、需協力之處分、多階段之處分

　　依行政處分之作成，是否需要外來之助力，可將行政處分區分為依職權之處分、需申請之處分、需協力之處分、多階段之處分。

依職權之處分是指，由行政機關在職權範圍內主動所為之行政處分。

需申請之處分是指，基於特定人之申請，而始得作成之行政處分。需申請之處分通常是形成處分。

需協力之處分是指，必須仰靠行政處分之相對人的助力，而作成的行政處分。例如，委任級公務員之任用，須經被任用人之同意，始發生效力。

多階段之處分是指，必須仰靠他機關的助力，而作成的行政處分。多階段之處分可分，如：

㈠行政處分作成前，應先向他機關會商。

㈡行政處分作成前，應先經他機關之核准或同意。例如，外國人或無國籍人有殊勳於中華民國者，得申請歸化，而內政部作成歸化許可前，應先經行政院核准（國籍法第六條第二項）。

五、要式處分、非要式處分

依行政處分之作成，是否應具法定之形式，可將行政處分區別為要式處分與非要式處分。

要式處分是指必須備具法定形式的行政處分。法定形式為何，不一而足，依有關規定來決定，通常是要求以文字為之。有時規定亦揭示固定的格式，或使用圖表或其他符號。要式處分通常應由機關首長簽名或蓋章，若由代理者或代行者簽名或蓋章，則應同時揭示代理或代行的意旨。若行政處分是以機器作成，則通常不再由機關首長簽名或蓋章，而僅揭示姓名。

非要式處分是指，不必具備法定形式之行政處分。

六、一次處分、持續處分

依行政處分所設義務之履行次數的差異，可將行政處分區別為一次處分與持續處分。一次處分是指，僅要求行政處分相對人為一次履行行為之行政處分。持續處分則是指，行政處分相對人應為多次履行行為之行政處分。

七、形成私法之處分、形成公法之處分

所謂形成私法之處分，是指在私法領域中，引發法效的行政處分。有些形成私法之處分直接產生私法上法效，例如：漁業主管機關所為之漁業權之許可。有些形成私法之處分是私法上法律行為生效的條件，即間接產生私法法效，例如：舊航員法第十二條第一項規定，航政機關對於海員與僱主間之僱傭契約的核可。

所謂形成公法之處分，是指在公法領域中，引發法效的行政處分。

八、具執行能力之處分，不具執行能力之處分

依據行政處分內容得否以強制執行方法予以落實，可以把行政處分區分為：具執行能力的行政處分與不具執行能力的行政處分。前者，如：行政機關命甲拆除違建，但甲不依該行政處分拆除，行政機關即得以代履行的強制方法予以拆除。又如：行政機關命非法佔據路面的一群人（十個人）終止佔據行為，但該群的十個人不從，行政機關即得以直接強制方法驅離人群。後者，如：內政部對於甲作成喪失國籍的許可。該許可生效時，即發生國籍喪失的效果。該行政處分在性質上根本沒有強制執行的可能性。

九、預防性管制處分、解除性管制處分

有些規定會明定人民為特定行為前，應先取得行政機關的同意。此種規定的目的，在於讓行政機關得事先檢視人民是符合法定為行為的條件。行政機關依此種規定所為的同意，即是預防性管制處分。例如：依據漁業法的規定，欲經營專用漁業、區劃漁業或定置漁業，必須先獲得主管機關的核准。而主管機關依申請人是否符合相關條件而為審查及為核准。核准是預防性管制處分。

有些規定全面禁止特定的行為，但若因特定原因並經行政機關同意時，則得為行為。

此同意解除了禁止規定所形成的限制。同意形成禁止的例外。同意是

解除性管制處分。解除性管制處分，例如：依據漁業法規定，任何人皆不得以有毒物質、爆裂物或電流來捕捉水產生物，但因研究需要且經主管機關許可，則不在此限。若主管機關依前揭規定而對 A 研究員為許可以毒物捕捉魚時，該許可即是解除性管制處分。

十、擬制處分

所謂擬制處分，並非由行政機關所為，而是由規定所擬制的。最常見的一種規定模式是：行政機關未於一定期間內作成決定時，視為已經作成決定。行政程序法規定，對於人民的申請案應於兩個月內作成決定。但若行政機關未於兩個月內作成時，是否視為已有行政處分出現，則未規定。但若基於保障人民（申請人）利益的立場，似宜針對一些申請案設置擬制處分。

第三目　行政處分的生效

行政處分經揭示而發生效力（即：生效）。揭示是指行政機關把內部法效意思向外披露。揭示必須向行政處分相對人為之，並應抵達，但不需要相對人對於行政處分內容發生了解。揭示方式由行政處分機關裁量定之，例如：口頭、身體動作、文字等。以文字揭示之行政處分通常具有書面。書面需要郵遞或專人遞送或以其他方法為送達。若法對於揭示方法有明文規定，則從其規定。

揭示應植基於行政機關的意思以及符合其他應遵守的條件。反之，則為有瑕疵的揭示。有瑕疵的揭示的效果是：行政處分未生效。有瑕疵的揭示，不可補正。

若行政處分相對人有多數人，則行政處分應分別向該多數人為揭示及分別生效。

行政處分效力包括兩個概念在內：形式效力與實質效力。所謂形式效力是指行政處分之存立,而實質效力則是指行政處分所欲引發之法效發生，亦即對於行政處分之相對人發生、變更或消滅權利、義務。

　　行政處分的實質效力，原則上與形式效力同時發生。但行政處分實質效力亦得晚於形式效力發生，例如：附始期或附停止條件之行政處分的形式效力因揭示而發生，但其實質效力則於始期屆至或條件成就時發生。

　　行政處分的形式效力與實質效力基於下列原因而喪失：

　　㈠原行政處分機關廢止或撤銷行政處分。

　　㈡訴願管轄機關或行政法院撤銷行政處分。

　　㈢附終期的行政處分，期限屆至。

　　㈣附解除條件的行政處分，條件成就。

　　㈤其他原因，如：行政處分相對人拋棄行政處分所賦予之權利、行政處分相對人死亡而行政處分所設之權利不得被繼承、行政處分規制的標的已不存在、行政處分的內容已被實現等。

　　行政處分一經生效，其所生的法效即告確定，而不得任意予以喪失效力。此種情形謂之行政處分的確定力。但行政處分的確定力，並非絕對而是受到限制的，亦即得依相關規定予以喪失效力，亦即：行政處分的廢棄。

　　利益處分的確定力於行政處分生效時，即行發生。負擔處分的確定力，則於行政處分相對人不能再以行政救濟方法對於負擔處分為爭議時發生。學說稱此種行政處分不能再以行政救濟方法為爭議的性質為「行政處分的形式確定力」，而為了與形式確定力做區別起見，則稱上段所述的行政處分的確定力為「行政處分的實質確定力」。

　　為行政處分機關之外的其他行政機關及司法機關應接受已發生確定力的行政處分，並把此行政處分做為其決定或其他行為的參酌依據。換言之，其他行政機關及司法機關應視已發生確定力之行政處分為一項已存在的事實，而予尊重。前述情況，謂之行政處分的「事實效力」或行政處分對於其他機關的「羈束力」。

第四目　行政處分的附款

　　行政處分的附款是指，行政機關依裁量所附加於行政處分之對於行政處分的內容所設的限制。行政處分的附款有五種：期限、條件、負擔、負

擔保留、廢止保留。

凡是用以確定行政處分生效或失效之將來確定發生之事實，謂之期限。期限分為始期與終期。用以確定行政處分生效之將來確定發生之事實，謂之始期。用以確定行政處分失效之將來確定發生之事實，謂之終期。

凡是用來確定行政處分生效或失效之將來不確定是否發生之事實，謂之條件。條件分停止條件與解除條件。用來確定行政處分生效之將來是否發生不確定的事實，謂之停止條件。用來確定行政處分失效之將來是否發生不確定的事實，謂之解除條件。

凡是於行政處分之外，對於行政處分相對人為作為、不作為或容忍之附帶要求，謂之負擔。

所謂負擔保留，是指於行政處分之外，對於行政處分相對人所設的保留，即：在將來特定情況下，為行政處分機關得設立負擔或就已設立之負擔為變更或補充。

所謂廢止保留是指，在行政處分之外，對於行政處分相對人所設的保留，即：為行政處分機關，在特定的情況下得廢止全部或部分行政處分。若廢止保留中聲明，在特定情況下，行政機關得對行政處分內容予以侷限或對部分設以終期或解除條件，則屬於廢止部分行政處分。行政機關依此保留，在將來固然可以廢止行政處分，但卻不得恣意為之，而應裁量為之。且行政機關為裁量時，應受制於裁量之原則。

上述各種附款是否為行政處分的構成部分（即：行政處分的內涵）或是與行政處分相分離而具獨立存在的性質？條件與期限應屬於行政處分的部分，因其是用來界定行政處分效力的開始或結束，而與行政處分無法分割。負擔不是行政處分的部分，而是與原行政處分相分離的獨立之行政處分。因其內容並非必須與行政處分內容相結合，而可獨立存在。廢止保留在性質上屬於原行政處分之「解除條件」，因此，其為原行政處分之部分，而非獨立之行政處分。但基於廢止保留而為之行為，則是另一行政處分。若負擔保留的內容是讓行政機關得於未來設立負擔或為補充時，則負擔保留不是原行政處分之部分，而是獨立之行政處分。因此種意思表示為行政

處分相對人設立一項義務，即容忍行政機關得對行政處分相對人加諸負擔的義務。若負擔保留的內容是讓行政機關對已設立之負擔予以變更時，則負擔保留是原負擔（即行政處分）的解除條件。原負擔因為負擔保留的實現，而致部分喪失效力。但依負擔保留而為之行為則屬於行政處分。

有些現象看似行政處分的附款，但非前述行政處分之附款，而應嚴予區別。有些行政機關對於申請人之申請固然給予同意，但卻進一步對於同意之內容予以界定或說明。例如：市政府同意甲使用大禮堂之申請，但卻進一步指出大禮堂牆壁裝飾及桌椅陳設不得異動及更改。行政機關有時僅對申請之部分為同意。例如：甲向科技部申請補助研究經費四十萬元，但科技部同意補助二十萬元。此外，有時行政處分中會特別指示當時存在之法律狀況，特別是相關之規定。此種指示，亦非附款，而是一種知的表示。

若行政機關對於行政處分之作成有裁量權，即：規定給予行政機關在為許可或拒絕之間有選擇之自由，行政機關為行政處分（許可）時，得加附款。因為，行政機關既然得選擇拒絕之行政處分，則依舉重以明輕之原則，行政機關也可以為加附款之許可。但若法有特別規定，禁止加附款時，則有關之行政處分，不得加附款。此外，有些行政處分，在性質上不宜加附款，例如：歸化許可、公務員任命、授予學位。此種行政處分加附款將使行政處分相對人的法律地位陷於不安定之狀況。

若行政機關對於行政處分之作成無裁量權時，則僅得於下列兩種情形中加附款：

㈠法有明文規定得加附款。行政處分相對人對於行政處分之作成有請求權時，該行政處分所加之附款將形成該請求權之限制。基於法律保留原則，附款應有規定之授權始得為之。

㈡確保行政處分作成之條件，在未來繼續存在。例如：甲機關同意給予救濟金，但要求定期提出清寒證明。

附款不得與行政處分之目的相牴觸。例如：同意甲工廠開工，但同時要求甲工廠改善其產生之噪音。而此項改善噪音之要求，實際上要全面重新改建廠房才能做到。而廠房重建則勢必導致停工。此項負擔阻撓行政處

分目的之達成。

附款應與行政處分同時為之。但若法有明文規定，則得於完成行政處分之後另行對行政處分附加條件、期限或廢止保留。

第五目　合法行政處分與違法行政處分

行政處分一經向相對人為揭示，應即發生效力。但此僅指符合法定形式及實質條件的行政處分。實質條件是指行政處分的作成應符合作成條件，而其內容的形成亦應符合各種相關的規定，例如：為無瑕疵之裁量、比例原則、自律原則、明確性原則等等。形式條件是指下列各點：

㈠為行政處分的行政機關並未違背該機關的事務管轄、土地管轄及層級管轄的範圍。

㈡行政處分符合法定形式。

㈢產生行政處分之行政程序合法。

反之，若行政處分不符合形式及實質條件，則是違法行政處分。違法行政處分亦稱之為有瑕疵的行政處分。

行政處分的形式瑕疵分下列各種：

㈠行政處分非屬作成機關的管轄範圍。

例一：基隆市警察局為甲公司之設立登記或為補繳所得稅決定（行政處分逾越為行政處分機關職權之事務範圍）。

例二：臺北市政府發給甲在新北市境內為建造之建築執照（行政處分逾越為行政處分機關職權之土地範圍）。

例三：行政院為歸化許可（行政處分逾越為行政處分機關職權之層級管轄範圍）。

㈡行政處分之作成，不合法定程序。

例一：合議制機關於為決定時，參與決定者，未達法定人數。

例二：多階段之處分未經徵詢他機關意見或未經核准，而逕為決定。

例三：需申請之處分，未經人民申請，而逕依職權為決定。

例四：雖然行政處分之事件涉及機關人員或其親屬，而有關機關人員

仍不迴避，而參與行政處分之作成。

㈢行政處分未具法定形式。

例如：訴願決定未以訴願決定書作成，或訴願決定書未具備訴願法所定內容。

典型的實質瑕疵得舉例如下：

㈠意思表示有瑕疵。

行政機關受詐欺或脅迫而為行政處分。行政機關基於通謀或因錯誤而為行政處分。行政機關保留真意，而為行政處分。行政機關表示錯誤。

㈡行政處分內容不確定。

例如：設若甲有 A、B、C、D 四個漁業權，而主管機關欲撤銷甲所持四個漁業權中之 A 漁業權。但是，主管機關於決定中僅揭示撤銷甲所持漁業權，但未言明何者。

㈢行政處分內容事實不能。

例如：甲已經死亡，仍向甲為召集命令。

㈣行政處分缺乏規定的基礎。此點又分三種情形：

　1.行政處分的內容，欠缺規定的依據。例如：法未規定飼養之寵物應課徵「寵物稅」，但稅捐機關卻令甲就所飼養之波斯貓繳納寵物稅新臺幣三千元。

　2.行政處分內容，是植基於規定的誤解，換言之：行政機關錯誤解釋規定，誤認某事實應涵蓋於規定內，而作成行政處分。例如：依據漁業法第六條規定，凡欲在公共水域或與公共水域相連的水域中經營漁業，應經主管機關核准。前項水域不包括外國領海。主管機關卻依漁業法核准甲在美國領海中得經營漁業。

　3.行政處分所植基之規定，與上位規定相牴觸。例如：設若漁業法施行細則禁止女性得為漁業權申請，且若主管機關依此規定，拒絕甲女之漁業權申請。由於此項規定與憲法第七條的平等權相牴觸，因此，基於此項規定而來的行政處分（拒絕），即為有瑕疵之行政處分。

㈤行政處分的作成，是基於有缺失之裁量而來。例如：

1. 行政機關作成行政處分時，違背應為無瑕疵之裁量之義務。例如：依文化資產保存法第二六條規定，私有古蹟、歷史建築及聚落之管理維護、修復及再利用所需經費，主管機關「得」酌予補助。設若甲據此而向主管機關提出申請，而主管機關之承辦人因業務繁忙，逕自為拒絕之決定。

2. 行政機關逾越裁量範圍，作成行政處分。例如：依廢棄物清理法第五二條規定，貯存、清除、處理或再利用一般事業廢棄物，違背行政院環境保護署所訂之方法與設施時，應處六千元以上三萬元以下罰鍰。若主管機關決定應處之罰鍰為三萬五千元，即為逾越裁量範圍之行政處分。

3. 行政機關濫用裁量，作成行政處分。例如：在前揭例中，行政機關承辦員因要求利益被拒，而依前例所揭規定，為最高金額（即：三萬元）之罰鍰。

㈥行政處分的內容與規定相牴觸。此地所謂之規定，包括憲法、法律、行政命令、自治規章、習慣法、法基本原則、轉換為國內法之國際法等。

例一：依據槍砲彈藥刀械管制條例第五條及第四條規定，槍砲彈藥非經內政部許可不得販賣。設若某商業主管機關，准許甲商業為槍砲彈藥之販售，此項核准即違反槍砲彈藥刀械管制條例之規定。

例二：設若某法規定販售腐敗之食品者，應處六百元以上二千元以下罰鍰或撤銷營業許可。今若甲因不注意而販賣已略帶酸味之牛乳，而主管機關即撤銷其營業許可，此項行政處分即違反比例原則。

例三：設若基隆市政府公告，凡非道教或佛教徒，不得使用文化中心之設備，此項行政處分即與憲法上平等權相牴觸。

㈦行政處分內容要求不法行為。例如：行政處分內容要求其相對人贈送處分機關之人員二百萬元紅包。

以上所述之實質瑕疵僅是一些類型；實質瑕疵尚可有其他情形。

行政處分應於作成時即具有瑕疵，始為違法行政處分。若行政處分於作成時未具有任何瑕疵，則為合法行政處分，若行政處分在作成之後才發

現瑕疵，則視該瑕疵自行政處分作成之時即已存在。

第六目　違法行政處分的效果

違法行政處分的效果有二種：無效或撤銷。所謂無效，是指行政處分自始絕對不生效力。所謂撤銷，是指使已生效之有瑕疵行政處分喪失效力。

行政處分係由行政主體的機關所為。基於行政主體規制社會秩序之功能的考量，行政處分宜盡量維持其效力。基此，除了一些少數情形中的違法行政處分應為無效外，其餘違法行政處分應為有效，但得予撤銷。而在撤銷前，應視其能否補正或轉換。

那些違法行政處分應屬無效？此點應視有關之規定而為決定。此地所謂的有關規定，除了各種規定外，尚包括行政程序法在內。依據行政程序法第一一一條規定，行政處分有下列情形之一時，無效：

㈠以書面作成的行政處分無法辨識其作成機關為何。

㈡行政處分缺乏法定必備之文書形式，即：未備證書。

㈢事實不能。

㈣內容係要求或許可犯罪行為。

㈤內容違背公序良俗。

㈥違背專屬管轄或違背事務管轄範圍。

㈦除上述者外，其他之重大而明顯的瑕疵。

上述㈦所謂「重大」，是指行政處分的瑕疵，已經達到連信賴保護原則，都無法為其辯護的程度，而必須使其無效。所謂「明顯」，是指行政處分的瑕疵顯然而易被瞭然。但是，瑕疵應被「何人」瞭然，才能算是符合明顯的條件？有關此問題，有主觀說與客觀說的不同。依主觀說，凡是行政處分瑕疵易被行政處分相對人所瞭然，即為明顯。客觀說則以行政處分相對人以外之人為標準。客觀說中，又有各種不同的可能性：

㈠凡是瑕疵易被一般人所瞭然，即為明顯。

㈡凡是瑕疵易被有特殊能力者（例如：受過法學教育者）所瞭然，即為明顯。

㈢凡是瑕疵易被對有關問題具有了解能力者所瞭然，即為明顯。

通說採用上述㈠說。

行政處分部分違法而致無效時，是否導致行政處分全體無效？首先應視違法之部分，在實質上是否具獨立性，亦即，違法之部分是否可與其他部分相分離，或者是形成行政處分整體之不可分割的部分。若違法部分不具獨立性，則部分瑕疵導致全體無效。反之，若違法部分具獨立性，則應進一步依處分機關在為處分當時的意思來決定。若處分機關在為處分時即視違法之部分為不可分割之部分時，則部分違法導致全體行政處分無效。反之，則僅違法部分無效。

行政處分的無效，是自始絕對無效。因此，行政處分不會對於人民及行政機關發生任何效果。無效的行政處分，無強制執行的可能性。

原行政處分機關得依職權或依申請，認定行政處分之無效。而申請人不限於行政處分之相對人；凡對於「行政處分無效」有利害關係者，皆得提出申請。此外，行政處分亦得依行政救濟程序，認定為無效。

有瑕疵之行政處分除了依上述原因應為無效外，其餘皆為有效，但可進一步予以撤銷。有關撤銷問題，將於下文中為說明。但行政機關在為撤銷時，應先檢視有瑕疵行政處分可否予以補正或轉換。

所謂補正，是指對於違法行政處分之瑕疵予以排除，使其成為合法行政處分。此地所稱的瑕疵是指在行政處分作成前本來應為的行為，但卻未作成。因此，補正實即指把欠缺的行為，在行政處分作成後，予以作成。

依行政程序法第一一四條的規定，行政處分的補正，僅限於下列各種情形：

㈠作成行政處分所必要的（但欠缺的）申請，由相關的人補提。

㈡依行政程序法規定，行政處分決定書中所應有的理由欠缺時，由行政機關予以補充。

㈢行政處分作成前，行政機關未依行政程序法規定給予相關人陳述意見機會時，得由相關人補為陳述。但法另有強制規定或依規定之立法目的來看，陳述意見應於行政處分作成前為之時，則不得補正。

㈣依規定應由特定的委員會在行政處分作成前為決議或為其他行為，但卻未由其為之時，得由委員會補為決議或為其他行為。但若依規定的立法目的來看，委員會的參與行為應於行政處分作成前為之時，則不得為補正。

㈤依規定行政處分的作成，應由其他行政機關為行政參與，但卻未由其為之時，得由該行政機關補為行政參與。但若依規定的立法目的來看，其他行政機關的參與應於行政處分作成前為之時，則不得再為補正。

補正應由原行政處分機關來推動，但應於行政救濟程序結束前為之。

所謂轉換，是指變更有瑕疵行政處分的內容，使行政處分成為合法。轉換並非撤銷原行政處分，而另為新行政處分，而是就原行政處分予以調整。

轉換行政處分，應符合下列條件：

㈠轉換行政處分仍應遵行原來所適用的程序及形式。

㈡轉換行政處分仍應遵守原行政處分所遵守的作成條件。

但若有下列原因之一時，有瑕疵行政處分不得轉換：

㈠轉換對於公共利益有重大危害。

㈡轉換有違對於當事人之信賴保護。

㈢轉換不符合原行政處分作成的目的。

㈣轉換後的效果對於當事人更不利。

行政機關為轉換前，應給予當事人陳述意見的機會。

若行政處分發生表示方法的錯誤，而且此種錯誤十分明顯時，則非行政處分之瑕疵，而不得被撤銷或認定為無效。例如：打字錯誤。又如：在行政處分中已說明計算之標準及方法，但因計算過程錯誤而致揭示錯誤之數目。此種顯然錯誤不影響行政處分之效力。但行政處分之相對人得申請原處分機關予以「更正」，或由行政機關主動予以更正。

第七目　行政處分的廢棄

所謂行政處分的廢棄，是指使行政處分喪失效力。使違法行政處分喪失效力，謂之撤銷。使合法行政處分喪失效力，謂之廢止。撤銷的目的，

在於對違法行政處分為改正。廢止的目的，在於配合變動的事實或法律狀況為調整。無效的行政處分，沒有被廢棄的可能，無效的行政處分，只能予以確認。

廢止及撤銷本身也是行政處分，而必須符合有關行政處分的各種規定。違法的廢止及撤銷，得予以撤銷，及適用行政救濟的規定。若違法的廢止及撤銷被撤銷，則原行政處分（被違法廢止或撤銷之行政處分）恢復其效力。

授益處分的廢止或撤銷，對於行政處分的相對人，造成不利的影響。負擔處分的廢止或撤銷，則造成有利的影響。

基於行政處分本身是否違法以及廢棄對於行政處分相對人的影響有利與否，行政處分的廢棄問題，應分下列四方面來說明：負擔處分的撤銷、授益處分的撤銷、負擔處分的廢止、授益處分的廢止。此外，涉他行政處分的廢棄問題，應特別予以說明。

一、負擔處分的撤銷

基於依法行政原則，違法行政處分得隨時被撤銷，即使在行政處分發生形式確定力之後，仍得被撤銷。此即所謂的「自由撤銷原則」。

前述自由撤銷原則適用於違法負擔處分的撤銷。違法負擔處分，得全部或一部予以撤銷。被撤銷的違法負擔行政處分得溯及既往喪失效力或自撤銷時向未來喪失效力。

違法的負擔處分是否撤銷，行政機關享有裁量權。反之，人民對於行政機關不享有要求為撤銷之請求權。

二、授益處分的撤銷

前揭自由撤銷原則並非完全適用於違法授益處分的撤銷問題，而是受到某些限制，亦即對於特定的違法授益處分的撤銷，應在特定的條件下為之。授益處分可分為兩類：㈠以金錢給付或可分物之給付為內容的授益處分，㈡非以金錢給付或可分物之給付為內容的授益處分。以下就此兩類授益處分的撤銷問題，分述之：

(一)以金錢給付或可分物之給付為內容之授益處分

此種授益處分向行政處分相對人提供金錢或物。因此，此種授益處分之撤銷涉及行政處分相對人在財產方面的利益。因此，授益處分是否撤銷，應考量行政處分相對人之信賴保護的問題。行政處分相對人方面，是否有信賴的發生，依下列方法確定：

1. 首先確定行政處分相對人在主觀上是否已知曉存立之行政處分及其所生之法效。
2. 其次再確定行政處分相對人是否以授益處分為基礎而為進一步之處置，特別是：
   (1)行政處分相對人已耗用金錢或物，或者
   (2)行政處分相對人基於授益處分已為涉及財產方面之處置，而此種處置不能回復原狀或回復原狀將對行政處分相對人造成重大損害。

在確定了行政處分相對人方面存有信賴時，則應進一步判斷此項信賴有否保護的需要，亦即：信賴是否值得保護。此時應把行政處分相對人的信賴與公共利益相互評比，來予判斷。若判斷結果認為信賴的價值高於公共利益時，則表示信賴有予保護的必要。此時應撤銷受益處分，反之，則否。

但在下列情形中，行政處分的相對人無信賴保護的需要：

1. 行政處分是因其相對人的詐欺、脅迫或賄賂而作成。
2. 行政處分是基於相對人的不實陳述或提供之不正確資料而作成。
3. 行政處分相對人明知或因重大過失而不知行政處分違法。

授益處分得全部或部分撤銷。撤銷之行政處分應溯及既往喪失效力，但撤銷機關亦得基於公益或避免行政處分相對人遭受財產上損失，而另訂失效日期。

撤銷之行政處分溯及既往喪失效力時，行政處分相對人應返還原來基於該行政處分所受領的利益。有關返還範圍的確定，準用民法不當得利規定。

(二)非以金錢給付或可分物之給付為內容的授益處分

「非以金錢給付或可分物之給付為內容的授益處分」是指前揭(一)之外的授益處分，例如：歸化許可、漁業權核准、駕照核發等等。此種授益處

分是否撤銷以及是否溯及既往撤銷，由撤銷機關裁量決定。若行政處分相對人對於原授益處分已發生信賴，且因撤銷該行政處分而遭受財產上的損失時，為撤銷的機關應給予補償。該補償額度不得超過行政處分相對人因行政處分繼續生效所可能獲得的利益。

三、負擔處分的廢止

基本上，合法的負擔處分得被廢止，但是否廢止，則由行政機關裁量定之。但是，若廢止負擔處分之後，又必須再為相同內容的新負擔處分時，則不得廢止。其次，若法有禁止規定時，則亦不得廢止負擔處分。負擔處分得全部被廢止或僅其部分被廢止。負擔處分的廢止，不得溯及既往發生效力。

四、授益處分的廢止

行政機關可否自由決定廢止合法的授益處分？有關此問題，早期的見解採肯定說法。但是，現在的見解則基於信賴保護原則，認為合法的授益處分原則上不可被廢止，而僅得依特別原因予以廢止。此種原因包括下列各項：

㈠法有明定得為廢止。

㈡授益處分附有廢止之保留條款。

㈢授益處分附有負擔，且此負擔未被履行。

㈣由於新的事實發生，致授益處分繼續存在，將危害公共利益。

㈤由於規定的改變，致授益處分成為不當，且行政處分相對人尚未依授益處分發生利益。

㈥其他為防止或排除對公共利益的重大危害。

授益處分得全部或部分予以廢止。但授益處分之廢止，應於原因發生後兩年內為之。

被廢止之授益處分，應於廢止時向未來喪失效力或由廢止機關指定喪失效力的開始。

　　基於上述㈣至㈥原因之廢止，造成行政處分相對人之財產上的損失時，應給予補償。在此情形中，損失是基於行政處分相對人信賴行政處分而發生，為了彌補其因信賴而生之損失，故應予補償。但補償額度不得超過行政處分相對人因行政處分存續可得之利益。基於上述㈠至㈢原因之廢止所引起的損失，則不予補償。因為，這些原因若非是授益處分相對人能預見，即是由其所引起，而無信賴保護的必要。

　　以上所述之撤銷行政處分，應在知有撤銷原因時起算，二年內為之。此為撤銷權的除斥期間。而行政處分相對人因撤銷所生的補償請求權的消滅時效期間為二年及五年，亦即：自行政機關告知事由時起算二年，以及自行政處分撤銷時起算五年。

五、涉他行政處分的廢棄

　　若一個授益處分同時對於第三人發生不利影響時，則是涉他行政處分。該行政處分的廢止及撤銷應依前述有關授益處分之廢止及撤銷的規定為之。但另一方面，涉及之第三人得對於授益處分提出行政救濟（訴願、行政訴訟），來達到使授益處分喪失效力的目的。在涉及之第三人提出行政救濟後以及在行政救濟程序終結前，有關授益處分之廢止及撤銷之規定應暫停適用，亦即原處分機關不得依據授益處分的廢止或撤銷規定對於授益處分為廢止或撤銷，而授益處分相對人亦不得基於信賴保護提出任何主張。涉及之第三人所提出行政救濟的結果，若非是喪失行政處分效力，即是維持行政處分的效力。

第五項　行政契約

第一目　行政契約的意義

　　所謂行政契約，是指行政主體、行政機關或人民在公法領域中所為的意思合致。此意義析述如下：

㈠行政契約是意思合致。行政契約是由兩個或兩個以上的意思表示所形成的行為。因此，行政契約異於由單一意思表示所形成的行政處分與行政單方行為。

行政契約對於意思表示者（即：簽訂者）產生法效。法效的內涵為何，依行政契約的內容而為確定。行政契約所生的法效可以是涉及實體法方面的，或涉及程序法及組織法方面的。但行政契約僅能就具體個案產生法效，亦即：僅能針對行政契約的簽訂者，就相關之具體事項，規制相關權利義務的產生、消滅或變更。行政契約中的規定屬於具體性規定，並非抽象性的規定。

㈡行政契約是公法領域中的行為。行政契約是行政程序法及其他公法相關規定所規制的行為，因此，行政契約是公法性質的行為。而行政契約所規制的事項，是屬於公法所規制的範疇。基於行政契約所生的權利、義務屬於公法性質。若一個行政契約中的部分規定涉及私法規制範疇的事項時，則應如何對待此問題？如果行政契約涉及私法領域的規定與行政契約中公法性質規定有密不可分的關係時，則該規定視為公法性質。反之，則把行政契約中涉及私法領域之規定與公法規定予以分離，視兩者為不同性質的意思合致，即：私法上契約與行政契約。只是在外觀上，兩者同時存在於同一個文件中。

㈢得簽訂行政契約的主體有三種：行政主體、行政機關及人民，析言之，行政主體與行政主體簽訂行政契約，行政機關與行政機關簽訂行政契約，行政主體與人民簽訂行政契約以及人民與人民簽訂行政契約。例如：臺北市與新北市簽訂行政契約，由新北市把臺北市在風災後所生垃圾予以掩埋；行政院農業委員會漁業署與行政院海岸巡防署簽訂行政契約，由行政院海岸巡防署於二月間派艦載送漁業檢查員至北太平洋查緝違規作業漁船；臺北市與甲公司簽訂行政契約，由甲清理及收運風災後所生的垃圾；臺電公司與貢寮漁會就漁業補償金額及補償方式達成共識,簽訂行政契約。

行政契約是行政程序法所規定的行政行為。行政機關得裁量選用行政契約。但是若法有明定應採用其他行為時，則不得採用行政契約。其次，

由相關規定的立法目的或其他因素，或基於所規制事項的特殊性質，而不宜採用行政契約時，則應從之。例如：考試結果應以行政處分作成，而不宜以行政契約作成。有關行政契約的各種問題，行政程序法設置一些規定，未規定者，則準用民法相關規定。

第二目　行政契約的種類

傳統的理論，是從簽約者的相互地位而對於行政契約為分類。兩個地位平行主體所簽訂的行政契約，謂之對等契約。反之，兩個地位不平行（即簽約一方較他方享有較優勢地位）的主體所簽訂的行政契約，謂之從屬契約。

從屬契約發生於下列主體間：

㈠有指揮監督關係的上級機關與下級機關。

㈡有指揮監督關係或有監督關係的上級行政主體與下級行政主體。

㈢行政主體與對之存有得為特定行政處分之權限的人民。

對等契約則發生於：

㈠無指揮監督關係的兩個機關。

㈡無指揮監督關係或無監督關係的兩個行政主體。

㈢行政主體與對之不存有得為特定行政處分之權限的人民。

㈣人民與人民。

行政程序法並未對於行政契約的分類問題，為完整而系統的規制，行政程序法提出兩種行政契約的型態，並做一些特別規定，即：替代行政處分的和解契約與雙務契約。

替代行政處分的和解契約，是具從屬性質的和解契約。具從屬性質的和解契約是人民與行政機關所簽訂的，它具有下列特質：

㈠行政處分所植基的事實或法律狀況不明朗，而行政機關依職權調查後，仍不能確定。

㈡若再繼續查證，則可能支出費用過高或有甚多障礙或可能徒勞無功。為有效達成行政目的，行政機關與人民對於分歧問題各自退讓，形成共識。

㈢基於前述共識而簽訂契約。

　　雙務契約是指簽約雙方皆有給付義務的行政契約。若雙務契約用來替代行政處分，則是具從屬性質的雙務契約。具有從屬性質的雙務契約，應符合下列規定：

　　㈠契約內容應敘明人民給付之用途。

　　㈡前述用途應有助於行政機關職權之執行，而不得為其他之目的。

　　㈢人民的給付與行政機關的給付，應有正當合理的關連。

　　㈣人民的給付與行政機關的給付應相當，即成適當的比例。

　　前述四點的目的，在防止人民與行政主體的給付間欠缺適當的連繫。前述四點主要是防止行政主體或行政機關利用優勢地位來傷害人民。

　　若人民對於行政機關得請求作成行政處分為特定給付時，則得以該行政處分之附款為內容，簽訂雙務契約。

第三目　行政契約的締結

　　行政契約因意思表示合致而產生。意思表示為公法性質。形成行政契約的意思表示，分要約與承諾。由於行政契約必須以書面為之，因此，行政契約不可能基於「意思實現」而產生。

　　行政契約的締結應由本人親自為之，或由其代理人為之。行政主體、行政機關、私法人則由其代表為之。有關代理人、代表的相關問題依行政程序法及其他相關規定決定，以及準用民法的相關規定。行政機關為自己或代表行政主體簽訂行政契約，該行政契約所規制的事項，必須是屬於行政機關之事務、土地及層級管轄範圍內者。

　　行政契約的締結應以書面為之，而不得以口頭為之，若法有特別規定時，則應從其規定。書面的行政契約，應經簽名或蓋章。

　　行政契約的內容涉及第三人權利時，應經第三人同意始發生效力。但若行政機關對於行政契約內容本來就得為行政處分時，則不在此限。

　　若行政處分的作成應經其他機關參與（如：同意、核准、會同辦理），則替代該行政處分的行政契約亦應經其他機關的參與。此項規定的目的，在於防止行政機關以行政契約的方法迴避其他機關的參與。

依據依法行政原則,行政契約應在行政法相關規定範疇內形成其內涵。在行政法領域中，並不存在如民法中的契約自由原則。而民法依私法自治而生的契約自由原則也不得準用於行政契約。

第四目　行政契約的無效

若行政契約違反前述第三目所揭原則時，該行政契約無效。但是，未為簽署的行政契約、未經第三人同意之涉及第三人權益的行政契約以及未經其他行政機關參與的行政契約，皆可予以補正。經補正後的行政契約，溯及既往生效。

依據行政程序法的規定，確定行政契約無效的依據有二：行政程序法本身的規定，及準用民法上相關的規定。

準用民法上相關規定而生之行政契約無效原因，如：

㈠無行為能力人（人民）為意思表示或真意保留且為相對人所明知或通謀為虛偽意思表示。

㈡違反強制規定或禁止規定。

㈢違反公序良俗。

㈣內容不可能或不確定。

行政程序法本身所規定之行政契約無效的原因有：

㈠依規定或依有關法律關係之性質相關事項不得以行政契約予以規制。

㈡未依法定方法甄選（公告競爭者應具資格、決定之程序及給予競爭者表示意見之機會）或以其他競爭方式來決定締約的當事人。

除前述者外,行政程序法尚規定了替代行政處分之行政契約的無效原因：

㈠具有與其內容相同之行政處分應歸無效的原因。

㈡具有與其內容相同之行政處分得予撤銷之原因，且該原因為締約雙方所明知。

替代行政處分之和解契約的作成,當然應符合該行政處分作成的條件。違反行政處分作成條件的替代行政處分之和解契約，歸於無效。雙務契約的給付間，應有適當的連繫關係。欠缺適當連繫關係的雙務契約，無效。

行政契約一部無效時，全部行政契約應歸於無效，但若可以確認即使欠缺無效部分，締約雙方仍願締結時，剩餘部分仍為有效。

第五目　行政契約的調整與終止

行政契約準用民法規定，因此一些契約失效的原因，亦適用於行政契約，例如：行政契約因履行而失效，行政契約因給付抵銷或義務之免除而失效。

依行政程序法規定，行政契約因維護公共利益或因情事變更，而得變更內容或終止效力。因情事變更而變更內容或終止效力的條件如下：

㈠作為締約基礎的情事，在締約後發生重大變更，且此項變更非當時所能預料。

㈡基於前述變更而仍要求締約當事人遵守契約，顯失公平。

締約雙方皆可基於前述理由要求變更契約內容或終止契約效力。行政契約終止效力或變更內容後，契約中之義務或被變更之義務當然不必被履行。但締約一方之行政主體得基於維護公共利益的目的，命人民繼續履行其義務，但人民因此所生的損失應予補償。

若行政契約之當事人為行政主體及人民時，行政主體得因防止或除去公益的重大危害，逕行調整契約內容或終止契約效力，但人民因此所生的財產上損失應予補償。

第六目　行政契約的履行及自願接受執行

行政程序法對於行政契約的履行問題，僅涉及情事變更的問題。至於其他問題，如：履行不能、遲延給付、不完全給付等問題，皆應準用民法相關規定以為解決。

行政契約之權利人得要求義務人履行其義務。若義務人不為履行，權利人得經行政訴訟管道取具執行名義，聲請強制執行。但若行政契約當事人在行政契約中為自願接受執行之約定時，則得以該契約為執行名義。但若締約一方為中央行政機關時，有關自願接受執行的約定應經其上級機關

（院、部或同等機關）之認可。若締約一方為地方自治團體之行政機關時，則自願接受執行的約定應經該地方自治團體行政首長的認可。若契約內容涉及委辦事項時，則自願接受執行的約定應經委辦機關認可。

第六項　行政計畫

第一目　行政計畫的概念

所謂行政計畫，是指行政主體對於未來應形成的秩序所預設的構想。規劃不同於計畫；規劃是指形成計畫的過程。計畫並非是一種新的法律現象，而早已有之，例如：預算案。但在目前各種法規中，則多所採用，例如：漁業權計畫、商港計畫、都市計畫等等。

由計畫的內容來看，計畫分為下列三種：

㈠計畫僅是單純地提供資訊。

㈡計畫提示了行政機關或行政主體及人民為行為時可參酌的事項。但這些事項不具有拘束力。

㈢計畫規定了行政機關或行政主體及人民應為或得為行為的義務或權利。

若計畫內容規制了權利義務，則是屬於規範性計畫，反之，則為指導性計畫。

計畫並非是在法律（形式意義）、法規命令、自治規章、行政處分、事實行為及行政內部行為之外的另一種行政行為。計畫在性質上是屬於上述各種行為中的一種。屬於何者，應依授權訂定計畫的特別行政法的規定或依計畫本身的特徵而為決定。

規劃者在擬定計畫時，通常針對計畫欲達成的目標，評比各種相互衝突的利益並求取平衡，以及協調各種達成目標的措施。規劃者在擬定計畫時享有形成的空間，亦即：形成計畫內容的自由。此種空間謂之計畫裁量。

計畫可分為整體計畫與細部計畫。細部計畫應在整體計畫所設定的範疇內為之，或者進一步開展整體計畫的內容。此外，在擬定計畫時，亦應

避免與其他已存在或在規劃中的計畫發生衝突。例如，某一水域已納入商港計畫之中，則不宜再將之納入漁業權計畫。

法律有時賦予行政主體或行政機關為規劃的權利，有時則賦予義務。若賦予義務，則人民是否對之有請求的權利，則應依相關規定而為決定。

計畫成立後，人民是否有要求計畫被執行的請求權？計畫在擬定之後，有關機關應持續監控相關周邊條件。若條件改變，致計畫變成有所不宜，則應改變計畫或廢止計畫。換言之，人民對於計畫的執行並無請求權。但是，人民因計畫改變或廢止而生之信賴損失，應予補償。

第二目　計畫裁量

如前所述，行政機關訂定計畫時，對於計畫內容的形成享有相當的自由，亦即，行政機關在相關的限制範圍內，得以自由形成計畫的內容。此種自由謂之計畫裁量。計畫裁量應受之限制有三：

㈠計畫應符合相關規定所欲達成的目標。計畫是由相關規定授權行政機關所為者，而相關規定之所以授權行政機關為計畫，必有其欲達成的目標。因此，行政機關訂定計畫必須配合其所應達成之目標。

㈡計畫應在有關之限制規定範圍內為之。此種限制規定包括了兩種。一種是指授權行政機關訂定計畫之法典中的相關規定，特別是針對計畫所為之指導性的規定（指導方針）。此種規定形成計畫活動的框架及限制。行政計畫不得逾越及背離此種指導性的規定。另一種則是指其他法規中而與計畫有關的規定，特別是憲法中的規定。此種規定也對於計畫形成限制。

㈢計畫應符合衡量原則的要求。行政機關在擬定行政計畫內容時，必須為衡量活動，並經由此活動而產出結果，即計畫的內容。

上述限制的目的，在於保障行政機關能公正、客觀地為計畫活動，而避免恣意。

依據衡量原則，衡量活動包括下列步驟：

㈠彙整各種相互衝突的利益。

㈡評定各利益的重要性。

㈢對於各利益為評比。

所謂彙整供衡量之利益，是指彙整受計畫影響的各種利益。而此種利益包括了在訂定計畫時已經存在的利益以及未來（在計畫實施時）可能存在的利益。後者係經由預測而得知。供為衡量的利益中，最主要者為公利益與私利益。而這些利益是由不同團體與個人為主張，而行政機關之立場也經常反映公共利益。

彙整各種供衡量的利益，不可能漫無邊際，而必須在特定範疇內為之。計畫欲達成的目標以及各種限制規定（特別是指導方針），形成應予彙整衡量之利益的範圍。

評定各利益的重要性，可從法規角度或從事實角度為之。若由事實角度來評定重要性，則可由計畫訂定機關自行樹立評斷的標準，例如，同一利益所涉人數的多寡，某一利益所受影響之程度與時間的久暫等。此外，從事實角度之評定，亦可由專業人員協助為之。

所謂評比是指把各利益依其重要性,相互比較及決定予以接受或拒斥，或者予以某種程度的接受或拒斥，質言之，就各利益為取捨。評比應符合比例原則，但若法律有特別規定，則依此特別規定為評比。例如：某規定中特別要求應盡可能給予某一利益優遇時，則在為評比時即應朝此方向為之。此即所謂之優遇原則。此外若某規定直截了當把某一利益置於絕對的優越地位，則行政機關亦只能依此而為取捨。

若行政機關未依上述之步驟而為衡量活動，謂之有瑕疵的衡量，而使行政計畫具有違法性。欠缺上述㈠之步驟或彙整活動不夠周延，謂之衡量不足。欠缺上述步驟㈡之衡量，謂之衡量錯估。欠缺上述步驟㈢之衡量，謂之衡量不當。

計畫裁量是否等同於「行政裁量」，學者見解不一。有些學者認為兩者在性質上是相同的，僅是在「量」方面有所不同。換言之，計畫裁量給予行政機關較大的決定空間，而行政裁量則給予行政機關較小的決定空間。若就規定賦予行政機關在為決定時一定的空間來看，行政裁量與計畫裁量並無不同，亦即，有關行政裁量及計畫裁量之規定皆給予行政機關在為決

定時一定的迴轉空間。但若就計畫裁量與行政裁量兩者的結構來觀察，則兩者仍有差異。行政裁量是指行政機關在法規所定之條件發生時，在法規所預設的範圍內選擇應為之行為。析言之，行政裁量是在法定的條件發生時，行政機關才可能進一步在法定的選擇範圍內為選擇。計畫裁量則是為了達到法定的目標，在法定的指導原則之框架及限制之內，自行形成其內容。很顯然的，行政裁量是在法定條件下，在法定選擇項目中選定其一，而計畫裁量則是在法定的目標及限制規定下，自行形成其內容。

第七項　行政單方行為

所謂行政單方行為，是指除行政處分外之由行政機關單方意思表示所形成的行為。行政處分與行政單方行為皆是由意思表示所形成，但行政處分已自成一種行政行為，因此行政單方行為的概念即不應再包含行政處分在內。此外，行政單方行為，異於行政機關所為的知的表示。行政機關知的表示，僅是把行政機關所知曉的特定狀況予以表達出來，而非法效表示。因此知的表示並非意思表示，而是一個事實行為。

行政單方行為，如：權利的拋棄、給付的抵銷及行政機關向人民或私法人所為之委託等等。承諾是一個特殊的行政單方行為。所謂承諾是指行政機關為其所屬行政主體應允為特定行為或不為特定行為，亦即承擔為特定行為或不為特定行為的義務。例如：交通主管機關 A 向甲社區住戶承諾在民族大道與南湖大道的十字路口設置交通號誌。又如：A 機關向甲承諾，命所屬 B 機關暫時停止拆除甲的住屋。

承諾應由有權機關裁量為之。承諾得以任何形式為之。無權機關所為的承諾無效。若客觀存在的事實或法律狀況發生改變，則承諾喪失效力。為承諾之機關得準用行政處分廢棄的相關規定，對於承諾為廢棄。

承諾與行政處分可否區隔，存有爭議。一個較可採的說法是，承諾與行政處分雖然都是由意思表示形成，但是兩者仍有差異性：㈠承諾主要是為行政主體設置義務，行政處分則主要是為其相對人（人民）形成法效。㈡行政處分具有事實效力，承諾則無。

第 5 章

行政程序

第一節 概 說

行政行為是指行政機關為行政主體所作成的各種行為。導致行政行為產生的過程，謂之行政程序。行政程序法第二條第一項規定行政程序是指導致下列行為產生的程序：行政處分、行政契約、法規命令、行政規則、行政計畫、行政指導、陳情。

行政程序法中有關行政程序規定的目的是：

㈠確保行政機關能快捷、合法地作成行為，來落實行政任務。

㈡確保行政機關的行為能有效地落實行政任務。

㈢確保行政機關扮演其行政的角色，亦即：執行法律的角色，而其行為是屬於落實其行政任務應有的行為。

㈣保障行政行為所涉及之人民的權利及利益。

㈤落實民主原則，亦即使行政程序獲得民主的正當性。

行政程序應由那些行為所結合而成，基本上是由執行程序的機關自為決定。但是，此項形成的自由，應受到相關規定的限制。其中之一即是行政程序法。行政程序法對於行政程序的形成，做了一些原則性的規定。而這些規定分成兩部分：㈠針對各個行政行為之行政程序所做的規定，㈡適用於所有行政程序之共通規定。而這些程序性的規定主要是針對執行程序之機關與人民（當事人）為規制，亦即：針對兩者在程序中應有之權利及義務為規制。因此，在行政程序法上人民與行政機關存有法律關係。當然，此種法律關係是程序法的法律關係，而非實體法的法律關係。

除了程序性的規定，行政程序法兼及一些非程序性的規定，特別是：行政行為作成時應遵守的一些基本原則，各種行政行為的基礎理論問題，如：行政處分的廢止與撤銷，行政契約的生效、失效、履行，行政指導的性質等。

依行政程序法第二條第一項的規定，該法所適用的行政程序僅限於行

政機關所執行的程序。但行政程序法第三條第二項明文排除各級民意機關、司法機關及監察機關適用行政程序法。該條反面解釋則是：考試機關及總統應適用行政程序法的規定。若此，則前揭第二條第一項的「行政機關」應採廣義解釋，兼及考試機關及總統。

其次，前揭廣義之行政機關所執行的有關行政處分、行政契約、法規命令、行政規則、行政計畫、行政指導、陳情案處理之程序，並非完全一律適用行政程序法；有些程序仍然排除行政程序法的適用。依行政程序法第三條第三項的規定，下列程序不適用行政程序法的規定：

㈠有關外交行為、軍事行為或國家安全保障事項之行為的程序。

㈡外國人出入境、難民認定及國籍變更行為的程序。

㈢刑事案件之犯罪偵查程序。

㈣犯罪矯正機關或其他收容處所為達成收容目的所為行為之程序。

㈤有關私權爭執之行政裁決程序。

㈥學校或其他教育機構為達成教育目的之內部程序。

㈦對公務員所為人事行政行為之程序。

㈧考試院有關考選命題及評分之行為。

以上各款規定中運用不少的不特定法律概念。某一程序是否屬於上揭各款所稱程序，尚待適用機關的解釋。

第二節　行政程序的一般規定

第一項　行政程序的主體

行政程序應由行政機關執行。但是，行政機關必須仰靠機關人員來為行為。從這個角度來看，也可以說：行政程序是由機關人員來執行。

機關人員於執行職務時，應公正無私。由公正無私原則可演繹出迴避

原則，亦即：機關人員執行職務時，基於特殊原因，有不公或徇私之虞時，不得執行行政程序。此種原因，如：

㈠機關人員本人為事件之當事人，或其配偶、前配偶、四親等內之血親或三親等內之姻親為事件當事人。

㈡機關人員本人與當事人為共同權利人或共同義務人，或其配偶或前配偶與當事人為共同權利人或共同義務人。

㈢機關人員本人現為或曾為事件之代理人、輔佐人。

㈣機關人員就處理之事件，曾任證人或鑑定人。

除上述原因外，凡是任何一種因素足以導致執行職務有偏頗之虞時，皆應迴避。

機關人員發現有迴避之原因時，應自行迴避，或由其所屬機關命為迴避。當事人亦得向機關人員所屬機關申請其迴避。被申請迴避之機關人員得提出意見書。當事人不服駁回之決定時，得向上級機關申請覆決。在受理申請機關為駁回或准許之決定前，應停止有關之行政程序。

行政程序固然由行政機關執行，但為顧及特定人之利益，應允許此等人參與行政程序。此種人謂之當事人。當事人包括了：

㈠申請人及申請之相對人。

㈡行政處分之相對人。

㈢行政契約締結之相對人。

㈣實施行政指導之相對人。

㈤陳情人。

㈥其他依據行政程序法得參加行政程序之人。

前述各種之當事人得享有行政程序法上有關程序方面的權利、義務，亦即有當事人能力。但從另一個角度來看，前述之各種人不外是下列各種性質的人：自然人、私法人、非法人團體及其他在實體法上享有權利義務之主體。行政主體實應有當事人能力。但行政程序法未為此種規定。行政程序法是以行政機關代替行政主體，亦即直接以代表行政主體的行政機關作為規制對象，使其享有當事人能力，因此而排除行政主體享有當事人能力。

有當事人能力者必須有行政程序之行為能力，才能為行政程序法上各種行為。私法人、非法人團體及行政機關有行政程序之行為能力，固無疑義，但自然人有否行政程序之行為能力，則應另定標準以為判斷。行政程序法第二二條規定，凡在民法上有行為能力之自然人，享有行政程序之行為能力。除前述者外，若法有特別規定享有行政程序之行為能力時，則依此特別規定。

有行政程序之行為能力的當事人，應親自為行政程序中的行為。無行政程序之行為能力的當事人，則由法定代理人為行為。此外，當事人得委任代理人為各種行為。惟法有特別規定或依行為之性質不宜委任而應由當事人親自為之者，則不得委任代理人。基本上，代理人得為所有之行為，但申請之撤回，非受特別委任不得為之。代理人有二人以上時，均得單獨為行為。代理權之撤回，應向代理人為之，並於撤銷意思表示完成時生效。但對於行政機關，則於該機關受通知時發生效力。代理人經本人同意，得委任複代理人。

若行政程序所涉及者有多數人時，該多數人得選定其中一人至五人為全體進行行政程序。若多數當事人未為選定，則由行政機關命其選定，如逾期未選定，則由行政機關依職權指定。選定或指定之當事人應為全體當事人為行政程序之行為。惟申請之撤回、權利之拋棄及義務之負擔，非經全體當事人之同意，不得為之。選定或指定之當事人有多數時，均得單獨為行政程序之行為。

當事人或代理人經行政機關許可，得由輔佐人偕同到場，輔佐人所為之陳述，除當事人或代理人立即提出異議者外，視為其所為之陳述。

第二項　行政程序的開始與結束

行政程序是否開始以及何時開始，由行政機關裁量決定。此即所謂的職權原則。但若法有特別規定在指定條件下應開始行政程序時，行政機關即不得再為裁量，而有開始行政程序的義務。最常見的特別規定是：行政

機關應依申請開始行政程序。

　　所謂申請，是指要行政機關作成行政處分的請求。申請有兩種功能：

　　第一：申請引發行政程序。因為申請對於行政機關造成一項義務，即：開始行政程序之義務。

　　第二：申請是行為作成的條件。

　　申請人為「誰」，應依有關規定來決定。有時規定明白揭示申請人，有時則未明白揭示，而必須透過解釋才能確定申請人。

　　申請得為要式或非要式。此點依有關規定來決定。若法沒有規定，則得以書面或言詞為申請。若以言詞為申請，則應作成書面紀錄，並向申請人朗讀或使其閱覽，確定內容無誤後由申請人簽名或蓋章。

　　申請是一種公法上的意思表示。在行政程序終結前，申請得予撤銷。

　　有些法明定申請期限。逾期申請，是否發生效力，應視有關規定而定。若有關法未對此問題為規定，則應依設立期限之目的，來決定逾期申請的效力。若設定期限之目的，在於對申請之提出做一截止，則逾期之申請不發生效力。此種期間謂之不變期間。反之，若設定期限之目的，在促使申請人在短期內提出申請，以期避免申請提出拖延時日而致不易確定有關之事項，則逾越期限之申請仍為有效。

　　因天災或其他不應歸責於申請人之事由，致不能於法定不變期間內提出申請時，申請人得於原因消滅後十日內，申請回復原狀。所謂回復原狀是指排除逾越不變期間之法定效果，而使得申請人得以提出申請。申請回復原狀，應同時補行應為之行政程序行為。遲誤法定期間逾一年，不得申請回復原狀。

　　行政機關對於人民之申請案，應於二個月內處理完畢。但行政機關得按各事項類別，訂定較短處理期間。行政機關不能於所定期間內處理完畢時，得延長處理期間。延長以一次為限，且延長之期間不得逾越原處理期間之限度。行政機關因天災或其他不可歸責之事由，致事務之處理遭受阻礙時，得在該事由終結前停止處理期間的進行。

　　行政程序於該程序所應引起之行為作成時結束。

第三項 事實認定

行政機關在有些行政程序中之主要工作，是認定事實及適用規定。

行政機關依職權認定事實，且自行確定認定事實的方法與範圍。行政機關不受當事人所主張事實的約束。

行政機關在認定事實之必要範圍內，得調查證據，且自行確定調查證據的種類、方法與範圍。但是，在行政程序中，當事人亦得主動提出證據，或向行政機關申請調查證據，以促使行政機關調查與待證事實有關連之一切證據。但行政機關認為無調查之必要時，則可不為調查。行政機關調查證據，得製作書面紀錄。

行政機關為調查證據及認定事實之必要，得為下列行為：

㈠通知相關之人到場陳述意見。通知書應記載詢問目的、時間、地點、得否委託他人到場及不到場的效果。

㈡要求當事人或第三人提供必要的文書、資料或物品。

㈢選定鑑定人為鑑定。以書面為鑑定時，得通知鑑定人到場說明。

㈣實施勘驗。勘驗時，應通知當事人到場。

行政機關應斟酌全部陳述及調查證據結果，依據論理及經驗法則，認定事實。此項結果及理由應告知當事人。

第四項 資訊公開

行政程序中之當事人或利害關係人，得向行政機關申請閱覽、抄寫、複印、攝影有關資料或卷宗。但此項申請，以當事人或利害關係人主張或維護其法律上利益所必要者為限。行政機關不得拒絕申請。但若有下列原因之一，行政機關仍應予以拒絕：

㈠申請的項目涉及行政決定前之擬稿或其他準備作業文件。

㈡申請的項目涉及國防、軍事、外交或一般公務機密，而依規定不得

洩露。

㈢申請的項目涉及個人隱私、職業秘密、營業秘密，而依規定不得洩露。

㈣申請所涉事項的公開，有侵害第三人權利之虞。

㈤申請所涉事項的公開，有嚴重妨礙行政機關在社會治安、公共安全或其他公共利益方面職權的正常進行之虞。

若當事人發現資料或卷宗中有關自己之記載有誤時，得請求更正。

行政機關與當事人就程序所涉事項不得為程序外之接觸。若行政機關與當事人在程序外為接觸時，則應將接觸中往來的書面文件向其他當事人公開。若接觸非以書面為之，則應製作書面，載明接觸對象、時間、地點及內容。此書面應向其他當事人公開。

第五項　聽證程序

行政機關舉行聽證應製作書面，記載聽證之事由及依據，聽證之期日及場所，聽證之主要程序，聽證機關等事項。此書面應通知當事人及利害關係人。若依規定辦理聽證應公告時，則應登載於政府公報或以其他適當方法公告之。聽證期日及場所得基於當事人申請或依職權予以變更。此項變更應通知當事人及利害關係人並公告。

行政機關認為必要時，得先行舉行預備聽證。預備聽證得為下列事項：

㈠議定聽證程序。

㈡釐清爭點。

㈢提出有關文書及證據。

㈣變更聽證之期日、場所及主持人。

預備聽證應作成紀錄。

聽證由行政機關首長主持之。聽證採職權進行主義。聽證主持人得進行各種必要之詢問、調查、通知或允許相關之人到場或參加聽證。聽證主持人應決定聽證之開始、延期、中止或終結，並禁止相關人發言或命其退場或採取其他措施，以利聽證程序之進行。另一方面，當事人則得陳述意

見、提出證據及對行政機關指定之人員、證人、鑑定人、其他當事人或代理人等發問。當事人得對主持人之措施聲明異議。主持人應對此異議為處理。

聽證採公開進行，但若公開有違背公共利益之虞，或對當事人有造成重大損害之虞時，主持人得基於申請或依職權決定全部或一部不公開。

聽證完畢，應作成聽證紀錄。聽證紀錄應載明到場人之陳述、發問要旨、提出之文書及證據、當事人之聲明異議及主持人之處理。聽證紀錄當場製作完成時，由陳述人及發問人簽名或蓋章。不能當場製作完成時，則由主持人指定日期及場所，供陳述人及發問人閱覽並簽名或蓋章。若陳述人或發問人未簽名或蓋章，則記明其事由。陳述人或發問人對於紀錄有異議時，主持人應予更正或補充。若認為異議無理由，則應記明其異議。

若行政機關認為必要，可以再舉行聽證。

第六項　費　用

行政程序所支出的費用，由行政機關負擔。但是，專為當事人或利害關係人利益所支出的費用，則得由當事人或利害關係人負擔。行政程序因可歸責於當事人或利害關係人之事由而發生延滯時，其所生的費用由當事人或利害關係人負擔。

證人或鑑定人得請求日費及旅費。鑑定人並可請求報酬。前揭費用及報酬，得請求行政機關預付部分。

第七項　送　達

所謂送達，是指將文書送交於特定對象。送達分自行送達與交郵送達。自行送達是指由行政機關自為的送達。通常由行政機關的送達人為之。但以電報交換、電傳文件、傳真或其他電子文件為傳送，亦視為自行送達。交郵送達是指由郵務機關所為之送達。

送達人應將文書，在應送達處所，交付與應受送達人。所謂應受送達

人是指應受領文書之人，如行政程序的當事人。而應送達處所則是指應受
送達人的住居所、事務所、營業所、就業處所，甚至會晤處所。應送達處
所端視應受送達人的不同性質而異。若在應送達處所未遇應受送達人時，
則可將文書交付與同居人、受僱人或接收郵件之人（補充送達）。若前揭人
員拒絕收領時，則可將文書留置於應送達處所（留置送達）。

　　若不能依前段所述方法為送達時，則可將文書寄存於地方自治機關或
警察機關或郵局，並將送達通知黏貼及留置於應送達處所（寄存送達）。

　　若應送達處所不明，則採用公示送達，亦即：由行政機關保管應送達
之文書，同時於行政機關公告欄黏貼公告，告知應受送達人隨時領取。行
政機關得將文書或其節本刊登政府公報或新聞紙。

　　於外國或境外為送達時，應囑託該國管轄機關或駐在該國的中華民國
使領館或其他機構或團體為之。對於中華民國駐外使領館人員為送達時，
應囑託外交部為之。對於軍人為送達時，應囑託相關軍事機關或長官為之。
對於在監所人為送達時，應囑託監所長官為之。對於有治外法權人為送達
時，應囑託外交部為之。

　　行政機關對於不特定人之送達，得以公告或刊登政府公報或新聞紙方
式為之。

第三節　行政程序的特別規定

第一項　行政處分

第一目　陳述意見及聽證

　　行政機關所作行政處分是以限制或剝奪人民自由或權利為內容時，應
給予行政處分相對人陳述意見機會或舉辦聽證會。是否舉辦聽證會，應依

有否必要而為決定。若法有明文規定應舉行聽證會時，則應從之。所謂給予陳述意見機會，是指行政機關通知行政處分相對人或利害關係人，以書面或以言詞為法律上及事實上的陳述。若行政處分相對人或利害關係人以言詞為陳述，行政機關應作成書面紀錄，並向陳述人朗讀或使其閱覽。陳述人對紀錄有異議時，應更正之。在確認無誤後，由陳述人簽名或蓋章。若拒絕簽名或蓋章，則應記明事由。

基於下列原因，行政機關得不給予陳述意見機會：

㈠大量作成同種類的行政處分。

㈡情況急迫，若不即刻作成行政處分有違公共利益。

㈢若予陳述意見機會，顯將逾越行政處分作成之法定期間。

㈣行政處分在性質上屬於行政執行之處置。

㈤行政處分限制人民權利及自由之內容及程度顯屬輕微而無事先聽取意見之必要。

㈥行政處分屬於訴願之決定且在提起訴願前已經過法定之前置程序。

㈦行政處分在性質上屬於保全處分或限制出境處分。

第二目　行政處分的作成

行政處分的作成，得以書面、言詞或其他方法為之。但法有特別規定時，則應從之。此外，行政處分相對人得要求行政機關以書面作成行政處分。

行政處分以書面作成時，應記載下列事項：

㈠行政處分相對人。

㈡行政處分之主旨、事實、理由。

㈢行政處分機關，首長署名及蓋章。

㈣發文字號及年、月、日。

㈤表明為行政處分的意旨及不服行政處分的救濟方法、期間及受理機關。

行政處分書面除應記載前述事項外，若有附款，則應記載附款的內容。此外，行政處分機關有代理人或受任人時，代理人或受任人亦應簽名。以

自動機器作成的大量行政處分，可以不必署名，而僅蓋章。

書面行政處分應附理由的原因是：

㈠促使行政機關對於行政處分為全盤而詳細的考量。

㈡使行政處分相對人，能對行政處分的含意及範圍有正確的了解。

㈢使行政處分相對人，得以檢視行政處分是否適當或違法。

決定中所述理由的程度，以符合前揭㈢之標準為原則。此外，理由應清晰詳盡。

基本上，決定固然應附理由，但有下列情形之一時，行政處分得不附理由：

㈠行政處分未限制人民之權益。

㈡行政處分相對人無待行政處分作成機關的說明，已知悉或可知悉作成處分之理由。

㈢大量作成之同種類行政處分或以自動機器作成之行政處分，依狀況無須說明理由。

㈣公告或刊登於政府公報或新聞紙之一般行政處分。

㈤有關專門知識、技能、資格之考試、檢定或鑑定之行政處分。

此外，法律明定不須附記理由時，則從其規定。

處分機關所告知的救濟期間有錯誤時，應予更正。此時救濟期間自更正通知抵達之次日起算。告知之行政救濟機關錯誤時，亦應通知更正。

書面的行政處分應送達於行政處分相對人及利害關係人。非書面的行政處分，則採用其他適當的方法為揭示或使行政處分相對人及利害關係人知悉。書面一般行政處分亦應送達，但得以公告或刊登政府公報或新聞紙等方法代替。

行政處分發生顯然錯誤時，得予更正。行政處分的更正，應附記於原處分書及正本。如果不能附記時，應製作更正書，送達於行政處分相對人。

第三目　重新開始行政程序

行政處分發生確定力後，行政處分相對人或利害關係人仍得就原事件

向原處分機關申請重新開始行政程序，並進而作成新行政處分，以取代原行政處分或廢棄原行政處分。重新開始行政程序有違法安定性原則，但基於正義原則的要求，重新開始行政程序的制度有存在的必要，但應符合特定的事由及條件。

申請重新開始行政程序，必須符合下列條件：

㈠原行政處分已發生確定力。

㈡申請提出應於行政處分發生確定力之後三個月內為之。但若申請之事由發生在確定力發生之後或在其後知悉時，則自發生或知悉後三個月之內為之，但最遲不得逾確定力發生後五年。

㈢相對人或利害關係人並非因自己的重大過失而未在原行政處分之程序或救濟程序中主張有關事由。

受理申請機關應審查申請是否符合上述條件。若不合上述條件，則應為駁回之決定。此項決定為行政處分。反之，若符合上述條件，則即進入審查申請是否具備相關之事由。

得申請重新開始行政程序之事由有三：

㈠行政處分所植基的事實發生改變，且此改變對於行政處分相對人或利害關係人有利。

㈡發現新證據或發生新事實，且依此新證據或新事實可對於行政處分相對人或利害關係人為較有利之行政處分。

㈢得為行政訴訟法上再審之事由發生，且該事由足以影響原行政處分。

受理申請之機關應審查申請是否符合上述三個事由中之一。若不符合，則應駁回申請。此項駁回之決定是行政處分。反之，若符合上述事由，則應即進行相關事件之實質審查程序。

行政機關經過實質審查程序後，應作成決定。此項決定謂之再決定。再決定有下列數種可能：

㈠廢止或撤銷原處分全部或部分。

㈡廢止或撤銷原處分，而另為新處分。

㈢廢止或撤銷原處分之部分，而就此部分另為新處分，即變更原處分。

第四目　證書、物品的繳還

行政處分失效之後，基於行政處分所發給的證書或物品是否應繳還於行政機關，應依有關規定決定。若無規定，則由行政機關決定。若證書或物品應予繳還，則行政機關得命持有人返還之。但持有人得請求行政機關將證書或物品作成註銷標示之後，予以發還。但若依物的性質不能作成註銷標示或註銷標示不能明顯而持續時，則不在此列。

第二項　法規命令與行政規則

行政機關何時著手研擬法規命令，係屬行政機關的判斷。但人民或團體得向行政機關提議著手草擬法規命令，亦即有提議權。提議應以書面為之並附具相關資料。書面應敘明法規命令訂定的目的、依據及理由。行政機關於收到提議之後，應審查提議之事項是否屬其主管事項。若否，則應移送主管機關。若發現提議事項不屬於法規命令應為規制的事項或無須訂定法規命令時，應敘明理由，通知提議人。若無前述各種情形，則應判斷是否著手研擬法規命令。

行政機關應公告草擬的法規命令。但若情況急迫無法公告時，則免為公告。公告方法則是登載政府公報或新聞紙。此外，尚得以適當方法廣泛地周知。任何人皆得於指定時間內，向指定機關陳述意見。行政機關亦得辦理聽證會。是否辦理，由行政機關自為決定。若法有特別規定必須辦理聽證時，則依其規定。舉行聽證，應於政府公報或新聞紙公告。公告應包括下列內容：訂定法規命令的機關名稱，訂定依據，草案全文或主要內容，聽證日期及場所，聽證的主要程序。

法律有時亦會規定，法規命令應送立法機關審查並依審查結果採取特定立場。邏輯上，立法機關參與法規命令之訂定程序，有下列三種可能性：

㈠事前同意：行政機關把草擬完成的法規命令送立法機關審查並徵求同意。若立法機關同意，行政機關即可發布法規命令，使法規命令生效。

㈡**事後同意**：行政機關把已發布，但尚未生效的法規命令送立法機關審查並徵求同意。若立法機關同意，則法規命令即行生效。立法機關的同意，是法規命令生效的條件。

㈢**查照**：行政機關把已經生效的法規命令送立法機關審查及徵求同意。若立法機關未發現有違法情事，則准予查照。反之，則要求行政機關修訂或廢止。

立法機關對於法規命令應為事前同意、事後同意或查照，應視有關法律的規定而定。

有些法律會規定，法規命令於發布前應經上級行政機關核定。此時法規命令應先核定，始得發布。

法規命令因發布而生效。法規命令的發布，應刊登政府公報或新聞紙。法規命令由訂定機關發布。若法規命令由多數機關共同訂定時，則應會銜發布。

行政規則因下達而生效。依行政程序法第一六〇條第二項規定，若行政規則屬法規解釋、裁量基準或判斷基準時，則應發布，亦即由首長簽署及登載於政府公報。此種行政規則會「影響」到人民，因此應予對外發布。但是，除行政程序法第一五九條第二項第二款所稱之行政規則外，其他的行政規則也可能影響人民，例如：調整收件單位之組織規定。此種行政規則，亦應予以發布；此種行政規則應類推適用第一六〇條第二項的規定。

第三項　陳　情

所謂陳情，是指人民針對特定事項向行政機關表示為處理之意願。但人民得為陳情的事項僅限於行政興革的建議、行政法令的查詢、行政違失的舉發、行政上權益的維護。陳情為人民的權利。行政機關有為處理的義務。但處理方式為何及處理結果如何，屬於行政機關審酌的範圍。當然，行政機關應視陳情案的不同，依有關規定為處理。

陳情之提出，應以書面為之。若以言詞提出，則應作成紀錄。紀錄應

由陳情人閱覽或向其朗讀後，由陳情人簽名或蓋章。若陳情人對於紀錄有異議，應更正之。

收受陳情案機關應即進入處理程序。行政機關應首先確定陳情案是否屬其管轄範圍。若陳情案不屬收受陳情機關之管轄範圍，則應不為處理並通知陳情人。受理機關亦得將陳情案移送管轄機關，並通知陳情人。

其次，收受陳情案機關應審查陳情案是否有下列情形：

㈠陳情無具體內容或陳情人未具真實姓名或地址。

㈡同一事由已經提過陳情且由行政機關予以適當處理及明確答覆，而又再提出陳情。

若有上述情形，收受陳情案機關得不處理陳情案。此外，若同一事由分向各機關陳情，而該事件又非屬收受陳情案機關之管轄範圍時，收受陳情案機關得不處理陳情案。不予處理的決定應否通知陳情人，由行政機關決定。

受理陳情機關發現陳情案為有理由，則應進一步採取適當的措施。此種措施為何，不一而足，完全視陳情案而定。例如：開始行政程序並作成行政處分，或者開始行政程序而訂定相關之行政規則。若受理陳情機關發現陳情人應提出行政訴訟或國家賠償請求時，則應告知陳情人，由其依法提起行政訴訟或國家賠償。若受理陳情機關發現陳情人應提出訴願時，可否視陳情為訴願的提起？依訴願法第六一條第一項的規定，仍應視為訴願的提起。受理機關應將有關之案件移送於原行政處分機關並通知陳情人。

行政機關應派員迅速及確實處理陳情案。陳情有保密之必要時，行政機關不得予以公開。此外，行政機關應訂定有關陳情作業的規範。

第四項　行政計畫

行政計畫具有不同的性質，它可能是行政處分、抽象規定（如：法規命令或行政規則），甚至事實行為。不同性質的行政計畫，應適用不同的訂定程序。此種規定散置於授權訂定行政計畫的特別行政法及行政程序法之

中。質言之，不同性質的行政計畫，有不同的訂定程序。

但行政程序法第一六四條特別規定了一種行政計畫的訂定程序。此種行政計畫的訂定程序，謂之行政計畫的「確定程序」。

行政院於民國八十九年十月曾草擬乙份「行政計畫擬定、確定、修訂及廢棄辦法草案」。該草案係依據行政程序法第一六四條第二項之授權而為擬定。該草案僅適用於涉及土地利用及重大公共設施之設置之行政計畫的確定程序。

行政計畫由權責機關為初步的擬訂。擬訂應以書面為之，即：計畫書。計畫書應載明下列事項：

㈠計畫的緣由及目的。

㈡計畫的內容及重要措施。

㈢計畫所涉土地的所在地、範圍、面積及計畫所涉地區區域計畫、都市計畫的狀況。

㈣財務計畫及成本效益分析。

㈤依法應記載之事項及其他有助於瞭解計畫之事項。

計畫應由擬訂計畫機關之上級機關為確定。若計畫由多數機關擬訂，則由共同上級機關為確定。質言之，確定計畫機關為擬訂機關的上級機關。

確定計畫機關應決定是否舉辦聽證，或指定其他機關辦理。在舉行聽證之前，舉行聽證機關應將計畫書摘要及其他事項公開。所謂其他事項是指：計畫名稱，擬訂機關，聽證機關，異議提出期間、方式、受理機關及未提出異議的效果等。公開的方法是利用資訊網路、政府公報或新聞紙。計畫涉及土地開發利用或限制使用時，尚應由地方自治團體行政機關公開展示前揭計畫摘要及其他事項。

權益受計畫影響之人民，得在規定期限內向舉辦聽證機關，以書面提出異議。舉辦聽證機關亦應通知權責受計畫涉及的機關，表示意見。

舉辦聽證機關應公告聽證日期、地點，並通知計畫擬訂機關、涉及權責之其他機關、提出異議人及權益受影響人到場陳述。

聽證應力求充分討論及為各種不同意見及利益的調和，聽證完成應製

作聽證紀錄及聽證報告書。若聽證非由計畫確定機關舉辦，則聽證紀錄及聽證報告書應陳報計畫確定機關。報告書應記載聽證結論、涉及權責之其他機關的意見、未解決之爭議事項等。

　　計畫確定機關應以「裁決」確定計畫。此裁決（確定裁決）應以書面為之。裁決書應載明下列事項：

　　㈠擬訂計畫機關、涉及權責之其他機關、權益受影響之人。

　　㈡確定計畫經過。

　　㈢主旨。有附款時，附款的內容及相關措施。

　　㈣理由及法律依據。

　　㈤裁決機關及裁決日期。

　　㈥不服裁決的救濟方法、期間及受理機關。

　　裁決書應送達於計畫擬訂機關、涉及權責之其他機關、已知之權益受影響人、提出異議人。對於尚未知悉之權益受影響人則以公開展示方式為揭示。裁決因送達及公開展示而生效。

　　若確定之計畫有危害公共利益或損及他人權益之情事時，確定計畫機關應於為裁決之同時，命擬訂計畫機關採取防護措施或對於受損害之他人予以補償。

　　計畫確定程序具有「集中事權」的效果。析言之，計畫所涉及事項之實施，由一個機關（計畫確定機關），經由一個程序（計畫確定程序），以一個行為（裁決），予以確定，而不必由多數機關依不同規定為不同行為，來達到實施之目的。換言之，前者代替了後者。

　　行政計畫有修訂的必要時，應就相關修訂部分進行前述之計畫確定程序。但若計畫未涉及他人權益或經權益受影響之他人的同意及涉及權責之其他機關的同意，則得由計畫確定機關逕行為裁決（修訂裁決）。

　　行政計畫有廢止之必要時，應由計畫確定機關以裁決（廢止裁決）為之。確定計畫機關應依職權或依擬訂機關之申請或依利害關係人之申請，為廢止裁決。為廢止裁決時，應聽取計畫擬訂機關及利害關係人的意見。

第 *6* 章
行政執行

第一節 概 說

人民不履行公法上之義務時，則由行政主體之行政機關出面，以強制方法，促使義務內容被實現。此種情形謂之行政執行，或行政強制執行。簡言之，行政執行是促使義務履行的方法。而人民在公法上的義務主要是直接源於規定或來自於行政處分或法院裁定。

行政處分中僅命令處分，需要行政執行。確認處分與形成處分在性質上，不需要也不能被強制執行。

行政執行的目的，固然是在於促使有關義務內容被實現，但是，行政執行本身則涉及人民的基本權利。基於法律保留原則，行政執行必須要有法律基礎。行政執行除適用行政執行法之規定外，尚準用強制執行法的相關規定。

依據應履行義務的不同，得分行政執行之種類為二：

㈠行為或不行為（不作為及容忍）義務的行政執行。

㈡公法上金錢給付義務的行政執行。

前揭㈠之行政執行又分為三種：

1.代履行。

2.怠金。

3.直接強制。

行政執行法把前揭 1. 與 2. 合稱為間接強制。

除前述者外，行政執行法尚規定所謂的即時強制。但即時強制是否具行政執行性質，則有待斟酌。

第二節 行政執行的方法

第一項 行為或不行為義務的執行方法

第一目 代履行

所謂代履行，是指義務人不履行「行為或不行為」之義務時，由行政機關自行或委託第三人，實現義務之內容。代履行僅適用於具代替性之義務，亦即，在法律上及實際上得由他人（即非義務人）實現的義務。例如：拆除違建、移走任意棄置之廢棄物等。不作為或容忍之義務則不具代替性。此外，應由義務人親自為之的行為，亦不具有代替性。例如：接受預防注射、入伍報到。

代履行由行政機關派員或委託第三人為之，行政機關委託第三人為執行時，得同時與第三人訂定私法上之契約。在契約中明定行政機關對於第三人之給付義務。此給付義務以第三人完成受委託之行政執行行為為條件。此外，行政機關亦得與第三人訂定行政契約，而在此行政契約中表明委託第三人執行及對第三人為對待給付義務的意旨。

行政機關得派員至現場督導及協助第三人之執行行為。義務人有容忍第三人為執行行為之義務。若義務人有抗拒或其他妨礙執行之行為時，行政機關得施以直接強制。

行政機關因代履行所生之費用，應向義務人求償。換言之，義務人有償付代履行所生費用之義務。行政機關應以行政處分方式，命義務人為給付。若義務人不為履行，則可依行政執行法上有關金錢給付義務之強制執行規定，為執行。

第二目 怠 金

所謂怠金，是指行政機關對於不履行「行為或不行為」之義務時，命義務人為金錢之給付。怠金僅適用於無代替性之義務。怠金的目的在於迫使義務人履行其義務。

怠金的數額由行政機關在法定範圍內裁量定之。行政執行法所規定之範圍為新臺幣五千元以上，三十萬元以下。數額之決定，應符合比例原則。數額應高到對於義務人能產生履行義務的壓力。反之，數額之決定亦應兼顧義務人的經濟能力。

怠金可連續為之，且可逐步提高數額。

義務人拒不繳怠金，則依行政執行法上有關公法金錢給付義務之執行規定，施以執行。若義務人已履行義務或者因客觀情況改變而致不必履行時，則未繳納之怠金不必再為繳納。

第三目 直接強制

所謂直接強制是指，行政機關以實力直接影響義務人，強制其義務的實現。所謂實力是指執行人員本身的力量以及器物，如：警棍、拒馬、槍械等。直接強制的例子，如：以警棍來驅散違法集會之群眾、逮捕違法集會者、強行取走物件。

行政機關在適用直接強制時，應依規定及依比例原則來決定其所採用的方法及其強度、範圍及時間之久暫等。此外，所採之方法亦應符合相關規定之要求，例如：有關警械警棍之使用規定等。

代履行與直接強制不同。代履行是指由執行機關為履行義務的行為。直接強制則是指由執行機關對於義務人施以強制，迫使其履行義務。

第二項 公法上金錢給付義務的執行方法

義務人不履行公法上金錢給付義務時的執行方法是：由行政機關就義

務人之財產為變價，就變價所得來清償債務。

所謂公法上金錢給付義務，是指具有公法性質的義務，而此項義務是以金錢給付為內容。此種義務是基於公法規定、行政處分或法院裁定而生。公法上金錢給付義務，例如：罰鍰、怠金、代履行而生的費用、稅款、規費等等。

公法上金錢給付義務須逾期不履行，始得受強制執行。所謂逾期不履行，是指下列三種情形之一：

㈠行政處分之處分書或法院裁定書定有履行期限，但未依限履行。

㈡行政處分之處分書或法院裁定書未定有履行期限，但以書面限期履行而未履行。

㈢依規定應履行義務，經書面限期履行而未履行。

除前段所述情形外，若法院已依規定就公法上金錢給付義務為假扣押、假處分之裁定時，就該義務亦得為強制執行。

第三節　行政執行的機關

行為或不行為義務的強制執行機關為何，依相關之特別行政法所規定之主管機關來確定。若行為或不行為之義務係來自行政處分，則作成行政處分之機關，即為強制執行機關。

公法上金錢給付義務的強制執行機關為法務部行政執行署所屬的各地行政執行分署。具體執行案件之強制執行，應以執行標的物所在地的行政執行分署為執行機關。若執行標的跨越或散布在不同的行政執行分署轄區時，則以其中之一為執行機關。執行標的物所在地不明時，以義務人之住居所、公務所、事務所或營業所所在地之行政執行分署為執行機關。

行政機關應將強制執行之案件，移送於行政執行分署。未經移送的案件，行政執行分署不得為強制執行。行政機關為移送時，應檢附下列文件：

㈠移送書。移送書應載明義務人、義務發生原因、日期及應納金額。

㈡行政處分之處分書、法院裁定書或依法令負有義務之證明文件。

㈢義務人財產目錄。但不明義務人之財產狀況時，免予檢附。

㈣義務人逾期不履行之證明文件。

㈤其他相關文件。

第四節　行政執行的程序

第一項　通　則

　　行政執行不得於夜間、星期日或其他休息日為之，但若情況急迫或徵得義務人同意，則不在此限。日間開始之執行，得延續至夜間。

　　執行人員於執行時應出示證明身分之文件。執行人員得命義務人或利害關係人出示國民身分證或其他文件。執行機關得因下列原因，請求其他相關機關提供協助：

　　㈠需要在管轄區域以外執行。

　　㈡欠缺適當的執行人員。

　　㈢執行有遭受抗拒之虞。

　　㈣執行之目的有難於實現之虞。

　　㈤執行事項涉及其他機關。

　　被請求機關有協助義務，但若有正當理由，則不在此限。協助執行支出的費用，由請求協助機關負擔。

　　行政執行的目的在促使義務人履行義務。因此，若義務人已履行義務，行政執行應終止。此外，若因客觀情況改變，致無執行可能時，行政執行亦應終止。行政處分或裁定被廢棄或變更時，行政執行因無必要而應終止。若行政處分或裁定部分被廢棄或變更，則與該部分相關之義務的行政執行即無必要，而應予終止。行政機關應依職權或因義務人或利害關係人申請

而終止執行。

　　義務人或利害關係人不服行政執行有關事項，得在行政執行終結前向執行機關聲明異議。執行機關認為異議有理由，應即停止執行，並撤銷或變更已執行之行為。反之，若認無理由，則應送上級機關為決定。行政執行不因聲明異議而停止，但執行機關得依職權或因申請而停止行政執行。若法有明定因聲明異議而必須停止行政執行時，則從之。

　　自行政處分或裁定確定之日起或依法令負有義務經通知限期履行之文書所定期間屆滿之日起，經五年未實施行政執行時，即不得為執行。但若於五年屆滿前即已開始行政執行時，仍得繼續執行。但自五年屆滿之日起，已逾五年未執行終結時，則不得再繼續執行。前述為原則規定，若法律有特別規定時，則依特別規定。

第二項　行為或不行為義務的執行程序

　　行為或不行為義務的執行程序，基本上分成三個階段：

　　㈠**限期履行命令：**所謂限期履行命令，是指以書面要求義務人於指定之期限內履行義務，以及載明不履行即予強制執行之意旨。若義務係屬不作為或容忍，則限期履行命令當然不必指定履行之期限。若受執行的義務是基於行政處分而生，且處分書中已明定應為履行之期限時，則免為限期履行命令。

　　㈡**執行命令：**所謂執行命令，是指執行機關就執行方法向義務人為確定。若所確定之執行方法為怠金，則應敘明其金額。若所確定之執行方法是代履行，則應就執行方式及範圍為描述及敘明因代履行所支出的費用。執行命令應於限期履行命令或行政處分所定應履行義務之期限屆滿時為之。

　　㈢**實際實施：**所謂實際實施，是指執行機關就所確定之執行方法，付諸實現。實際實施不得逾越確定執行方法所定之範疇。在實際實施前應先排除對於執行所形成的障礙。例如：主管機關命甲拆除其房屋。甲不遵守

此行政處分拆除房屋。主管機關遂決定以代履行方式拆除房屋。但甲並非自己住用房屋而租予乙使用。乙之房屋使用權利形成強制執行實施之障礙。主管機關應在拆屋行動前排除此障礙。主管機關得徵求乙之同意或者以行政處分命乙遷出房屋，來排除障礙。

　　代履行及直接強制之實際實施靠具體的行動。而怠金之實際實施，則依行政法上之金錢給付義務之強制執行方法行之。

　　有時行政機關基於情況急迫，而未先為限期履行命令及執行命令，而直接實施代履行或直接強制，來落實義務人的義務。此種情形謂之即時執行。即時執行異於即時強制。後者不屬於行政執行的範疇。

　　上述三種行政執行之種類以及其範圍及程度，除了法有特別規定外，由為執行機關裁量決定適用之。執行機關之裁量應依相關規定、義務性質及執行的目的而為之。

第三項　公法上金錢給付義務的執行程序

　　行政執行分署應就義務人之財產為查封及變價。變價方法包括拍賣及變賣。以變價所得清償債務。

　　行政執行分署為執行之目的，得通知義務人到場或自動清繳應納金額。行政執行分署得通知義務人到場報告財產狀況或為其他必要的陳述。

　　義務人發生阻礙或有害執行之行為時，行政執行分署應命義務人提供擔保並限期履行，並得限制住居。所謂阻礙或有害執行之行為，是指義務人有故意不履行義務之情事或顯有逃匿之虞或隱匿或處分應受執行之財產或有妨礙執行之行為（如：於調查執行標的物時拒絕為陳述，拒絕報告財產狀況或為不實之報告，無正當理由拒絕到場）。

　　若義務人逾前段所述期限仍不履行時，行政執行分署得就擔保人之財產為執行。若義務人未提供擔保，且逾期限未履行，行政執行分署得向法院聲請裁定，為拘提、管收。法院為裁定後，應將拘票及管收票送行政執行分署執行拘提義務人及送管收所。

義務人有下列情形之一時，則不得管收：

㈠因管收而致其一家生計有難以維持之虞。

㈡懷胎五個月以上或生產後未滿二個月。

㈢罹患疾病，因管收而有不治之虞。

若義務人於管收之後發生上述情形時，行政執行分署應通知管收所停止管收。

有下列情形之一時，行政執行分署應通知管收所終止管收。

㈠義務已經履行或已經執行完畢。

㈡行政處分或裁定經撤銷或變更確定致不能繼續執行。

㈢管收期限屆滿（三個月）。

㈣義務人已提供擔保。

行政執行分署應隨時提詢被管收人，每月不得少於三次。提詢及送返被管收人時，應以書面通知管收所。

行政執行分署應向裁定法院報告執行拘提管收的結果，以及提詢、停止管收及釋放被管收人之情事。

行政執行分署得依職權或依利害關係人的申請，對於為自然人之義務人核發禁止命令，並通知應配合的第三人。禁止命令核發的條件是：

㈠滯欠金額合計達一定數額。

㈡已發現之義務人財產已不足清償債務。

㈢義務人生活逾越一般人通常程度。

禁止命令的內容，可以是下列各種情形：

㈠禁止購買、租賃或使用一定金額以上之商品或服務。

㈡禁止搭乘特定之交通工具。

㈢禁止為特定的投資。

㈣禁止進入特定之高消費場所消費。

㈤禁止贈與或借貸他人一定金額以上的財物。

㈥禁止每月生活費超過一定金額。

㈦其他必要禁止的事項。

第五節　即時強制

　　所謂即時強制,是指行政機關為阻止犯罪或危害發生或避免急迫危險,而採取之必要措施。依行政執行法第三六條第二項規定, 此種措施包括下列各種:

　　㈠對人管束。

　　㈡對於物的扣留、使用、處置或限制使用。

　　㈢對於住宅、建築物或其他場所的進入。

　　㈣其他的措施。

　　行政執行法對於即時強制的使用, 設有限制的規定。

　　對人管束僅能基於下列原因之一而為使用:

　　㈠個人因瘋狂或酗酒泥醉,而為保護其生命或身體或預防其他人生命或身體遭受危險。

　　㈡個人意圖自殺,而為救護其生命。

　　㈢個人發生暴行或鬥毆,而為預防其發生損害。

　　㈣除上述之外的情形,而為救護個人之生命、身體或預防公共利益遭受危害。

　　雖然, 行政機關得基於上述原因對個人施以管束,但並不是一有上述情形, 即可施以管束,而必須在施以管束是達到救護或防止危險(危害、傷害)之目的之必要手段時, 才能為之。此外,管束的時間,不得超過二十四小時。

　　物之扣留僅適用於危險物。而扣留僅在有「預防危害之必要」的條件下為之。危險物扣留期間不得逾三十日,但扣留原因未消滅時,得延長扣留期間,但延長期間不得逾兩個月。扣留物除依法應沒收、沒入、毀棄外,應發還予本人或變價發還予本人。無法發還或一年內未領取,扣留物或其變價歸國庫。

物的使用、處置或限制使用，僅在因天災、事變或在交通、衛生、公共安全方面有危害情形發生而為達到防護目的時，才能為之。而前述物的使用、處置或限制使用，必須是達到防護目的的必要手段。此地所稱的物，包括了土地、住宅、建築物、物品。

進入住宅、建築物或其他場所，僅以在人民生命、身體或財產遭受迫切危害而有救護必要時，始得為之。而進入住宅、建築物或其他處所必須是達到救護目的之必要手段。

即時強制在性質上是否為行政執行，頗有疑問。如前所述，行政執行是促使義務人履行某一已存在之義務的手段。即時強制也必須要具有促使義務履行的性質，才能被視為是行政執行的一種。但行政執行法有關即時強制的規定，是對於人民所設之容忍義務，亦即，人民有容忍行政機關為阻止犯罪或危害發生或避免急迫危險而採取之措施的義務。即時強制是行政執行法所規定行政機關在急迫狀況中所得為之措施，而人民對於此種措施有容忍的義務。就此以觀，即時強制實不具有行政執行的性質，亦即，即時強制並不是促使人民履行特定義務的手段。

即時強制與即時執行不同。後者是行政執行的特殊方法，其目的是在於迫使人民履行一項已存在的義務；前者則是賦予人民義務。

第 7 章

行政救濟

第一節　概　說

　　不服行政行為，請求為適正的所有制度，謂之廣義的行政救濟。狹義的行政救濟，則僅指不服行政處分，請求為適正的制度。此種制度包括了：訴願與行政訴訟。

　　狹義的行政救濟制度實不僅限於訴願與行政訴訟，而包括規定中之各種特別救濟方法，例如：海關緝私條例第四七條規定，受處分人不服處分時，得於收受處分書後三十日內，以書面向處分機關申請復查。專利法第四八條規定，不服專利之審定，於審定書送達之日起二個月內，以書面向專利局提出再審查。稅捐稽徵法第三五條規定，依核定稅額通知書所載，有應納稅額或應補徵稅額者，應於繳款書送達後，於繳納期間屆滿翌日起算三十日內申請復查。他如，行政程序法中之重新開始行政程序與陳情等皆屬於狹義行政救濟種類。

　　不可否認的，有些納入於狹義行政救濟之方法，也兼具其他的功能，例如：行政訴訟、陳情等。

　　下文僅以訴願及行政訴訟為說明。

第二節　訴　願

第一項　概　說

　　依據憲法第十六條規定，人民有訴願之權。但訴願法在憲法實施之前即已存在，其間經多次修訂，而成為今日的訴願法。早期訴願法將訴願制度分為兩部分：訴願與再訴願。所謂訴願是指，不服行政處分，向原處分

機關之上級機關請求適正。再訴願則是指，不服訴願決定，向訴願決定機關之上級機關請求為適正。而民國八十七年公布生效之訴願法，則將再訴願制度予以廢除，而僅餘訴願制度。

第二項　訴願條件

所謂訴願條件，是指訴願管轄機關認定訴願是否有理由並為適正措施之標準。依據訴願法第一條的規定，訴願的條件應是：中央或地方機關之行政處分，違法或不當，致損害權利或利益。此項訴願條件析述如下：

(一)訴願的標的是行政處分

何謂行政處分？訴願法第三條第一項曾對此為下列規定：「本法所稱行政處分，係指中央或地方機關就公法上具體事件所為之決定或其他公權力措施而對外直接發生法律效果之單方行政行為。」該條文字與行政程序法第九二條第一項行政處分之文字相當。僅是該條不用「行政機關」而是用「中央或地方機關」一詞。所謂中央機關，是指國家的機關，而地方機關是指地方自治團體的機關。若「中央或地方機關」是指國家與地方自治團體這兩種公法人的機關，那麼訴願法所稱行政處分僅指國家及地方自治團體之行政機關所為的行政處分。但目前的行政主體除國家及地方自治團體外，尚有農田水利會及行政法人。而這些行政主體的機關也可以為行政處分。前揭訴願法第三條第一項的規定，顯然有漏洞。此項漏洞可透過類推適用方法來解決。但根本之道，還是在於修法。

其次，所謂行政處分也包括了上級監督機關對於各公法人所為的各種行政處分。訴願法第一條第二項明示此旨。

(二)中央或地方機關

訴願法第一條第一項所稱「中央或地方機關」，與同法第三條所稱「中央或地方機關」相同。有關中央與地方機關的意義，參見前述說明。

(三)違法或不當

所謂違法，是指行政處分違背規定。而違法情形分為兩種：形式違法

及實質違法。形式違法是指行政處分在程序方面的違法，實質違法則是指行政處分在內容方面的違法。有關違法之概念，參見本書相關說明。

　　所謂不當是指違法以外的情形。不當行政處分，並非違法行政處分。不當的情形僅發生於裁量處分，亦即：裁量處分才有不當的情形。但是，機關在為裁量時違背裁量應遵守之法定原則，仍屬違法，例如：未為裁量而為決定、裁量逾越法定範圍、裁量違反憲法上基本權利或法基本原則等。「不當」僅指機關依法所為之裁量結果有所不宜。所謂裁量是指機關在合法範圍內所為的選擇。其本質上並無所謂的違法，至於是否不宜，則應就相關狀況而為決定。

㈣損害權利及利益

　　權利與利益併舉，因此所謂利益是指權利所保護之利益以外者。行政處分應引起損害權利及利益之結果，亦即行政處分侵害權利或利益。行政處分與權利或利益之侵害間，有因果關係。至於侵害是否應引起物質損害或精神損害之結果，則非所問。

　　權利或利益必然有歸屬主體，即人民。此地所稱人民包括了自然人、私法人、非法人團體以及公法人。質言之，凡能成為行政處分相對人或會受行政處分影響者皆屬之。

第三項　訴願管轄機關

　　訴願管轄機關是作成行政處分之機關（即：原處分機關）的上級機關。基此，欲確定訴願管轄機關，必先確定原處分機關為何。原處分機關是依據行政處分作成所依據之名義來決定。但是，受託機關就委託事件所為之行政處分，屬委託機關之行政處分，亦即：委託機關為原處分機關。下級隸屬機關因上級機關委任所為之行政處分，為上級機關之行政處分，即：上級機關為原處分機關。此外，受委託主體（如：個人或私法人或非法人團體）所為之行政處分，屬委託機關之行政處分。原行政處分之機關裁撤或改組，承受其業務之機關為原處分機關。地方政府執行委辦事項所為之

行政處分，仍屬該地方政府之行政處分。

依據所確定之原處分機關，即可進一步確定上級機關。何謂上級機關？訴願法第四條曾為列舉規定。依該規定，原處分機關的上級機關如下：

原處分機關	上級機關
(一)鄉、鎮、縣轄市公所	縣、市政府
(二)縣、市政府之隸屬機關	縣、市政府
(三)縣、市政府	中央主管部、會、行、處、局、署
(四)直轄市政府之隸屬機關	直轄市政府
(五)直轄市政府	中央之主管部、會、行、處、局、署
(六)中央之部、會、行、處、局、署之隸屬機關	中央之部、會、行、處、局、署
(七)中央之部、會、行、處、局、署	主管院
(八)各院	各院

若無法依上述之標準確定上級訴願管轄機關時，則依同法第五條第一項之規定確定之，即比照第四條規定，按機關之管轄等級定之。換言之，以機關隸屬關係之上下級關係或地方自治監督關係之上下級關係來確定訴願管轄機關。但若法律有特別規定，依業務監督關係來定訴願管轄機關時，則從此特別規定。

若行政處分是由同一行政系統中不同層級之機關共同所為，則應以共同的上級機關為訴願管轄機關。若原處分機關是兩個以上不同系統之機關共同為之，則訴願管轄機關為兩者的共同上級機關。

若依前述之標準，不服受委託機關所為之行政處分時，應以委託機關之上級機關為訴願管轄機關，但訴願法第七條卻規定原委託機關亦得為訴願管轄機關。而不服受委任機關所為之行政處分時，應以原委任機關之上級機關為訴願管轄機關。但訴願法第八條卻規定受委任機關亦得為訴願管轄機關。前述第七條及第八條規定與法理不合，僅能視為一種權宜規定。

若數機關間，訴願管轄權發生爭議或管轄不明時，由共同之直接上級

機關決定。若無訴願管轄權機關就訴願作成決定，則該訴願決定應屬無效，並由其上級機關依職權或依申請將訴願案件移送有訴願管轄權的機關。

第四項 訴願人、參加人、輔佐人

訴願人是指享有訴願資格之人，即得提起訴願之人。依據訴願法第一條之規定，訴願人應是指因行政處分而致權利或利益遭受損害之人。此種人包括了行政處分的相對人及利害關係人。此種人包括了：自然人、私法人、非法人團體、公法人等。但訴願人應具有訴願能力。私法人、非法人團體及公法人有訴願能力，應無問題。但自然人有否訴願能力，依訴願法第十九條規定，凡「能獨立以法律行為負義務者」即有訴願能力。第十九條的標準應依民法而為解讀。若此，則凡依民法中有行為能力者，即有訴願能力。

無訴願能力之自然人，由法定代理人為訴願程序之各種行為。而法定代理人，依民法相關規定以為確定。法人由其機關代表為訴願行為。非法人團體由代表人或管理人為訴願行為。

訴願人得委任訴願代理人進行訴願程序或為訴願程序中之行為。訴願代理人不得超過三人。下列人等，得為訴願代理人：

　㈠律師。

　㈡依法取得與訴願相關之代理人資格者。

　㈢具有與訴願事件有關之專業知識者。

　㈣在業務或職務方面為訴願人之代理人者。

　㈤與訴願人有親屬關係者。

訴願代理人之委任，由訴願人或其法定代理人以意思表示向訴願代理人為之。訴願代理人於最初為訴願行為時，應向受理訴願機關提出委任書以表明其身分。惟訴願人（自然人）死亡、破產或喪失訴願能力，或其法定代理人發生變更，皆不影響訴願代理人之存續。法人或非法人團體之解散、變更組織亦不影響其已委任之訴願代理人。

訴願代理人委任之解除，訴願人及訴願代理人雙方皆得為之。惟委任之解除，應由訴願人或訴願代理人以書面向訴願受理機關提出。

訴願代理人得共同或單獨代理訴願人。訴願代理人就受委任之範圍，得為一切之訴願行為。惟訴願之撤回，非受特別委任不得為之。此外，訴願代理人所為事實之陳述，經到場之訴願人即時撤銷或更正者，不生效力。

為達到訴願經濟之目的，多宗之訴願事件之訴願人得共同提起單一之訴願。此即所謂之共同訴願。共同訴願提起之條件為：

㈠為訴願標的之各行政處分，係基於同一原因事實而作成。

㈡對各行政處分之訴願管轄機關為同一機關。

共同訴願人得選定一至三人為代表人。未選定代表人時，則由受理訴願機關通知共同訴願人在限定期間內選定。逾期不選定，則由受理訴願機關指定之。代表人得更換或增減之。惟更換或增減應以書面通知受理訴願機關，否則不生效力。但代表人之代表權不因共同訴願人之死亡、喪失行為能力或其法定代理人之變更而受影響。

代表人得共同或單獨代表共同訴願人為訴願行為。惟撤回訴願應經全體訴願人之書面同意，始得為之。

與訴願人利害關係相同之人，得於訴願進行中加入訴願程序。此種人謂之參加人。參加人係為訴願人之利益，加入訴願程序，亦即：為求對訴願人有利之決定，輔助訴願人進行訴願。惟對於訴願人有利之決定，亦將有利於參加人利益之保護。參加人應有訴願能力，其訴願能力之有無，依訴願法第十九條規定定之。無訴願能力之參加人，應經合法代理。參加人得委任訴願代理人。

基本上，參加人得輔助訴願人為各種訴願行為。但由於參加人係「輔佐」訴願人為訴願，因此其所為之行為應受此輔佐性質之限制。此外，參加人應按參加時訴願已進行之程度，為訴願行為。

訴願參加，係基於參加人之申請經訴願機關之允許，或由訴願機關主動通知參加人為參加。

訴願之決定對於參加人亦有效力。此外，訴願決定對於已允許或受通

知但未參加者，也發生效力。

所謂輔佐人，是指於期日偕同訴願人、參加人或訴願代理人到場之人。

輔佐人之到場應經訴願機關之許可或基於訴願機關之命令。訴願機關認為不適當時，得廢止許可或禁止續為輔佐。

輔佐人之行為視為訴願人、參加人或訴願代理人之行為。訴願人、參加人或訴願代理人不贊同輔佐人所為之陳述時，應即撤銷或更正之，否則即視為其所為者。

第五項　訴願的提起

提起訴願應以書面為之，亦即：應以訴願書提起訴願。訴願書應載明下列事項：

㈠訴願人姓名、出生年月日、住、居所、身分證明文件字號。若訴願人為法人或非法人團體，應載明其名稱、事務所或營業所以及管理人或代表人之姓名、出生年月日、住、居所。

㈡有訴願代理人時，則訴願代理人之姓名、出生年月日、住、居所、身分證明文件字號。

㈢原行政處分之機關。

㈣訴願請求事項。

㈤訴願的事實及理由。

㈥收受或知悉行政處分之年、月、日或申請為行政處分之年、月、日。

㈦受理訴願的機關。

㈧證據。其為文書者，應添具繕本或影本。

㈨年、月、日。

訴願書應由訴願人簽名或蓋章，若有代理人，則由代理人簽名或蓋章。

訴願書應附具原行政處分書影本或原行政處分申請書影本及受理申請機關之收受證明。

訴願人必須於法定期間內提起訴願，此即所謂的訴願期間。逾越訴願

期間，即不得再提起訴願。訴願期間為三十日。此三十日是自行政處分揭示日之次日起算。基此，若行政處分係以口頭或身體動靜作成，以作成之次日起算；若行政處分係以書面作成，則以書面送達行政處分之相對人日之次日起算。一般行政處分，則自公告期滿之次日起算。行政處分相對人以外之人，提起訴願的期間，應由其知悉行政處分內容時起算。但是，自行政處分送達或公告期滿後，已逾三年，則不得再提起訴願。該項期限之規定，係為避免有關之法律關係長期處於不安的狀況。

人民提出申請案，而機關逾法定期間仍不為行政處分時，人民得隨時提起訴願而無期間的限制。

若訴願人非住居於訴願受理機關所在地，訴願期間應扣除在途期間。但若訴願代理人住居於受理訴願機關所在地且能在訴願期間內為訴願行為時，則不扣除在途期間。在途期間因訴願人住居地與訴願管轄機關所在地距離遠近的差異，而有長短不同。在途期間由行政院定之。

訴願期間為法定之不變期間，不得由訴願受理機關或訴願管轄機關予以延長或縮短。但由於不可歸責於訴願人之事由而致延誤訴願期間，致訴願人不能提起訴願，顯然有失公平。訴願人之申請回復原狀，則為補救方法。申請回復原狀之目的，在於除去因延誤訴願期間所生之法律效果而非在於變更訴願期間。申請回復原狀之理由為：因不可歸責於訴願人之事由致遲誤訴願期間。所謂不可歸責於己之事由，是指以一般人之注意在客觀上不能預見或不能避免之事由，例如：天災。回復原狀之申請，應在造成延誤訴願期間之原因消滅後十日內提出。申請回復原狀應向受理訴願機關提出。申請回復原狀應同時補行在訴願期間中應為之訴願行為。

訴願之提起，應向原行政處分機關或訴願管轄機關為之。若訴願係向原行政處分機關為之，則原行政處分機關應自收到訴願書之後，將訴願書、關係文件及答辯書送於訴願管轄機關。原行政處分機關亦應將答辯書抄送訴願人。若原行政處分機關認為訴願有理由，得自行撤銷或變更原行政處分，並陳報訴願管轄機關。

若訴願人係向訴願管轄機關提出訴願申請時，訴願管轄機關應將訴願

書影本或副本送交原行政處分機關。原行政處分機關應依上段所述提出答辯書或撤銷或變更原行政處分。

　　綜合以上所述，訴願人應在訴願期間內以訴願書向原行政處分機關或訴願管轄機關提出訴願。若人民於訴願期間內向原行政處分機關或訴願管轄機關表示不服行政處分之意旨時，依訴願法第五七條之規定，視為訴願的提起。惟為不服表示者（即：訴願人）應於表示後三十日內補送訴願書。此項不服表示是否應以書面為之，訴願法未做明文規定。若從該條之立法目的係在「便民」一點來看，宜採從寬解釋，即：不服之表示得以口頭或書面為之。

　　依訴願法第六一條第一項規定，若訴願人於訴願期間中「誤向」訴願管轄機關或原行政處分機關以外的機關提出訴願或表示不服原行政處分時，視為訴願的提起。所謂「誤向」是單純地表示「向非訴願受理機關」（訴願管轄機關及原行政處分機關）提起，或是除此之外尚指訴願人主觀上對此誤提不知情。若「誤向」是指後者，則訴願人主觀上對於誤向非訴願受理機關之提出有了解或有故意時，則其所為之提出，不得視為訴願的提出。事實上，要證明訴願人主觀上有否了解，並不容易。此外，把「誤向」做此區分，也沒多大實益。因此，訴願法第六一條第一項之「誤向」一詞，僅單純地指向非訴願管轄機關所為之提出行為，而不論主觀上是否知情或有否故意。

　　此外，訴願人僅需為不服原行政處分之表示即可，而不必依法定形式提出。但收受不服表示之機關應於十日內將事件移送於原行政處分機關，並通知訴願人。

　　訴願期間為法定不變期間，因此，人民逾越此期間誤向非訴願受理機關所為之提出或表示不服，不得視為訴願之提起。

　　訴願的提起固然應由訴願人在訴願期間依法定方式為之，但是，有些特別規定則要求，在提起之前應先經一項特別程序，即訴願的前置程序。例如：依專利法第四八條規定，不服專利局之審查，應先經「再審查」後，始得提起訴願。又如：依海關緝私條例第四七條與第四八條規定，不服海

關之處分應在「申請復查」後，始得提起訴願。

訴願提出後，訴願人得撤回其訴願，但應於訴願決定書送達於訴願人之前為之。訴願經撤回，不得再提出同一訴願。

第六項　訴願的審理

訴願管轄機關於受領訴願申請後，應即為審理。審理分兩方面：形式方面的審查與實質方面的審議。

審查訴願之提起是否合法，謂之形式審查。下列各項事由屬於形式審查範圍，若不具備應即為不受理之決定：

㈠提起訴願者不具有訴願人之資格。

㈡訴願人無訴願能力而未由法定代理人代為訴願行為，經通知補正逾期不補正者。

㈢法人、非法人團體未由適當之代表人或管理人為訴願行為，經通知補正逾期不補正者。

㈣訴願之標的非行政處分。

㈤行政處分已經不存在。

㈥對於已為決定或已經撤回之訴願事件再提訴願。

㈦訴願逾越訴願期間。

㈧向訴願管轄機關或原行政處分機關為不服之表示，但未依限補送訴願書。

㈨訴願書不合法定程式，而不能補正或經通知為補正而未補正者。

不受理決定，應以書面形式為之。

受理訴願機關於收受訴願書後，認為訴願事件非屬其管轄時，應將訴願事件移送有管轄權機關。若不移送而為訴願決定時，則應由其上級機關依職權或依申請撤銷之。

受理訴願機關於形式審查後，立即為實質審議。審理訴願是否有理由，謂之實質審議。實質審議包括了事實認定與規定的適用。

訴願以書面審理為原則。但為濟書面審理之不足，受理訴願機關認有必要時，得通知訴願人、參加人或利害關係人到達指定處所為陳述。所謂利害關係人，是指與訴願人利害關係相反的人。而訴願人或參加人亦得請求為陳述。受理訴願機關認有必要時，得依職權或依申請指定期日及處所舉行言詞辯論。

受理訴願機關得實施調查證據、檢驗、鑑定及勘驗，以利事實之認定。為使訴願人、參加人及訴願代理人對訴願事件之內容有充分之了解，訴願人、參加人及訴願代理人得申請閱覽、抄錄、影印或攝影訴願卷宗內文書或預納費用請求付與繕本、影本或節本。

第七項　訴願的決定

廣義的訴願決定，是指訴願受理機關審議訴願有否理由所做之決定，以及為形式審查後所做之不受理決定。狹義的訴願決定則僅指前者而言。下文僅以狹義的訴願決定為說明對象。

訴願決定期限為三個月，必要時得延長一次，延長之期限不得逾兩個月。延長之期限應通知訴願人及參加人，若未通知訴願人及參加人，則不得視為延長。前揭訴願決定期限是一般規定，若有特別規定時，應從特別規定。

訴願決定期限，是以收受訴願書日之次日為起算日。依訴願法第六二條應補正訴願書或依同法第五七條應補送訴願書者，自補正或補送日之次日起算訴願決定期限。若未補正或補送，則以補正或補送期間屆滿之次日起算。

受理訴願機關所為之決定，有下列各種：

㈠訴願無理由，訴願受理機關應為駁回之決定。若訴願受理機關認為原行政處分所植基的理由不當，但若基於其他理由（訴願受理機關所認定者）仍可為相同之行政處分時，則仍應視有關之訴願為無理由，而為駁回之決定。

㈡訴願有理由，訴願受理機關得為之決定有下列三種：

1.撤銷原行政處分之全部或部分。

2.變更原行政處分之全部或部分。

3.撤銷原行政處分之全部或部分，並發回原行政處分機關另為處分。

訴願受理機關所為之變更或原行政處分機關另為之處分，均不得對於訴願人發生較原行政處分更不利之結果。

但若行政處分之撤銷或變更對於公共利益將造成重大損害時，則應將訴願人因行政處分所受之不利益與行政處分因撤銷或變更對於公益所造成之不利益相互權衡，以決定是否駁回訴願。若訴願人所受之不利益可以獲得補救時，則應考慮駁回訴願，以維護公共利益。若訴願受理機關駁回訴願，仍應同時宣示原行政處分之違法或不當，並指示原行政處分機關與訴願人應進行協議，以賠償其損害。

㈢因機關不於法定期間為決定所提起之訴願，訴願受理機關認為有理由時應命應作為之機關為有關之行政處分。但若應作為之機關已為行政處分時，則訴願受理機關應駁回訴願。

如前所述，訴願之提起逾越訴願期間時，訴願受理機關應為不受理之決定。此時，原行政處分機關或其上級機關仍得依職權撤銷或變更違法或不當之行政處分。但有下列情形之一，則不得撤銷或變更行政處分：

㈠撤銷或變更行政處分，對於公共利益有重大危害。

㈡行政處分之受益人，有信賴保護的必要。但訴願法第八十條第二項則明定下列情形無信賴保護之必要：

1.行政處分係因行政處分相對人之詐欺、脅迫或賄賂而作成。

2.行政處分係依據行政處分受益人提供不正確資料或為不完全之陳述而作成。

3.行政處分之受益人明知行政處分違法或因重大過失而不知其違法。

訴願決定應具法定形式，即：應備具訴願決定書。訴願決定書應載明下列事項：

㈠訴願人姓名、出生年月日、住、居所、身分證明文件字號。如訴願

人是法人或非法人團體，則應載明其名稱、事務所或營業所、管理人或代表人之姓名、出生年月日、住、居所、身分證明文件字號。

㈡有法定代理人或訴願代理人者，其姓名、出生年月日、住、居所、身分證明文件字號。

㈢主文、事實及理由。

㈣決定機關之首長署名、蓋印。

㈤決定之年、月、日。

訴願決定書應附記不服訴願決定得向高等行政法院提起訴訟之意旨。此項附記應載明提起行政訴訟的期間。該項期間是指自決定書送達次日起算的二個月。

訴願受理機關在作成決定後十五日內，應將訴願決定書正本，送達於訴願人、參加人與原處分機關。

訴願決定在性質上是屬行政處分。訴願決定在向訴願人為揭示時發生效力。若訴願人於揭示日之次日起算之法定期間內，不向高等行政法院提起行政訴訟，訴願決定發生確定力。

訴願人、參加人或其他利害關係人得對於已發生確定力的訴願決定，向訴願決定機關申請再審。申請再審的事由如下：

㈠適用法律顯有錯誤。

㈡決定主文與理由顯有矛盾。

㈢決定機關的組織不合法。

㈣依法應迴避之訴願會委員參與決定。

㈤參與決定之訴願會委員關於該訴願違背職務，犯刑事上之罪。

㈥訴願之代理人有刑事上應處罰之行為，而該行為影響決定。

㈦為決定基礎的證物係偽造或變造。

㈧證人、鑑定人或通譯就證言、鑑定為虛偽的陳述，而該陳述成為決定的基礎。

㈨為決定基礎的民事、刑事及行政訴訟判決或行政處分已變更。

㈩發現未經斟酌的證物或得使用但未被使用之證物。

第八項　訴願程序的停止、訴願的承受與行政處分執行的停止

訴願之決定經常會以其他法律關係之成立為依據。因此，若其他法律關係尚在訴訟中或尚在行政救濟程序中，訴願受理機關「應」停止訴願程序的進行。若訴願受理機關停止訴願程序，則有關之訴願決定期間應自他法律關係確定之日起，重行起算。

訴願人所進行之訴願得由他人予以承受。承受訴願的情形有二：

㈠訴願人死亡，由繼承人或繼受訴願人依原行政處分所生之權利或利益者，承受訴願。

㈡法人因合併而消滅，由因合併而另立或繼存之法人承受訴願。

行政處分被提起訴願，原則上不影響行政處分之執行。但是，訴願法第九三條第二項明定在例外情形中，得停止執行。所謂例外情形是指下列兩種情形之一：

㈠行政處分之合法性顯有疑義。

㈡行政處分之執行將發生難以回復之損害。

原處分機關或訴願受理機關應依職權或依訴願人申請，停止行政處分的執行。但若行政處分之執行係為維護重大公共利益所必要時，則仍不得停止執行。此外，法有特別規定，應停止執行時，則應從之。

第三節　行政訴訟

第一項　概　說

憲法第十六條規定，人民有訴訟之權。此項訴訟包括行政訴訟在內。早期之行政訴訟是指，不服再訴願之決定，向行政法院請求為適正。但依現行之行政訴訟法之規定，行政訴訟應不僅限於對訴願決定之適正，而包括其他公法上的爭議之解決在內。

掌理行政訴訟之機關為行政法院。行政法院分高等行政法院及最高行政法院。惟地方法院設置行政訴訟庭，辦理行政訴訟事件。

第二項　行政訴訟的種類

行政訴訟之主要種類為：

㈠撤銷訴訟。

㈡確認訴訟。

㈢給付訴訟。

所謂撤銷訴訟，是指原告請求行政法院撤銷行政機關所為行政處分之訴訟。此地所稱之行政處分除原行政處分外，亦包括訴願受理機關所為之訴願決定。

撤銷訴訟又可進一步分為下列各種：

㈠不服訴願決定，向行政法院提起之撤銷訴訟。人民認為中央或地方機關之行政處分違法而損害其權利或利益時，得提起訴願。若不服訴願決定時，則得提起訴訟。人民對於不當的行政處分固然可以提起訴願，但對於此種訴願之決定，則不得提起行政訴訟。因為不當的行政處分僅是涉及

裁量之結果是否適宜的問題，而無不法的問題。而行政法院僅能審查行政處分是否合法的問題，而不宜介入機關之裁量之範圍而斟酌其是否適宜。

㈡訴願受理機關未為決定時，人民得向行政法院提起撤銷訴訟。人民認為中央或地方機關之行政處分違法而損害其權利或利益時，得提起訴願，訴願受理機關未於法定期間為決定時，得提起撤銷原行政處分之訴訟。

㈢訴願人以外之利害關係人認為訴願決定損害其權利或利益時，得提起撤銷訴願決定之訴訟。

撤銷訴訟之特點是，其提起應先經訴願前置程序，亦即：非經訴願之程序不得提起撤銷訴訟。

所謂確認訴訟，是指原告請求行政法院認定某法律狀況是否存在之訴訟。確認訴訟分為下列三種：

㈠確認行政處分無效之訴訟。

㈡確認公法上法律關係成立或不成立之訴訟。

㈢確認已執行完畢或因其他事由而消滅之行政處分為違法之訴訟。

上述三種確認訴訟僅於原告在法律上得受確認判決之利益的條件下提起。換言之，原告之權利或法律上的利益有不安的危險，而此項危險得由確認判決予以除去。此外，上揭㈠之確認訴訟之提起，須先向原行政處分機關請求確認行政處分無效未果或於請求後三十日內不為確答時，始得提出。

所謂給付訴訟，是指原告請求行政法院判決被告對其為一定給付之訴訟。給付訴訟分為三種：

㈠因公法上原因所生財產上給付之訴訟。

㈡請求作成行政處分以外之其他非財產上給付之訴訟。

㈢因公法上契約所生給付之訴訟。

除上述者外，尚有所謂的「請求應為行政處分之訴訟」、「維護公益訴訟」及「選舉罷免訴訟」。

中央或地方機關對於人民之申請案件，在法定期間內應作為而不作為，致損害人民權利或法律上利益時，人民於提出訴願未果後，得向行政法院提出訴訟。此種訴訟謂之請求應為行政處分之訴訟。此外，人民向中央或

地方機關申請案件遭受駁回，經訴願程序未果，亦得提起「請求應為行政處分之訴訟」。

所謂維護公益訴訟，是指基於法律的特別規定，人民為維護公共利益，對於行政機關之違法行為提起之行政訴訟。

選舉罷免之爭議在本質上屬於公法性質。因此，選舉罷免之爭議應由行政法院審判，但目前之公職人員選舉罷免法則規定選舉罷免之爭議由普通法院審理。但行政訴訟法於第十條明定，「除法律有特別規定外」，選舉罷免事件之爭議得提起行政訴訟。

第三項　行政訴訟的當事人

所謂當事人是指行政訴訟的主體，亦即得以自己名義向行政法院要求保護權利之人及其相對人。因此，為行政訴訟當事人之先決條件是：在公法實體法上享有權利能力。質言之，行政訴訟法上當事人能力之享有，以公法實體法上享有權利能力為先決條件。

行政訴訟法第二二條明定，自然人、私法人、非法人團體及中央與地方機關，有當事人能力。在公法實體法上享有權利能力者為公法人，而非其機關。因此，能否把中央及地方機關定為當事人，在法理上頗有問題。行政訴訟法第二二條應該僅是立法上的便宜措施。

當事人分為原告及被告。起訴者為原告，應訴者為被告。在特定訴訟事件，某機關得否為原告或被告，以該訴訟事件所涉問題是否屬其業務範圍而定。此外，尚得以下列標準確定被告：

㊀訴願駁回時，以原行政處分機關為被告。

㊁撤銷或變更原處分或決定時，以最後為撤銷或變更之機關為被告。

若被告機關被裁撤或改組，則以承受其業務之機關為被告。若無承受業務機關，則以其直接上級機關為被告。

行政訴訟法第二五條規定，因受託事件而涉訟時，以受託人為被告。此項規定是否合理，值得懷疑。因為，受託人之行為直接歸屬於委託人，

有關法律關係之主體應是委託人而非受託人。

　　當事人得為各種訴訟行為。但當事人得否「自己」為訴訟行為，則視其有否訴訟能力而定。訴訟能力是指得為訴訟行為之資格。依行政訴訟法第二七條之規定，凡「能獨立以法律行為負義務者」，有訴訟能力。此地所謂之法律行為是指民法上之法律行為。因此，凡在民法上有行為能力者，即有行政訴訟法上之訴訟能力。換言之，有否行政訴訟法上之訴訟能力，係以民法上有否行為能力為準。無訴訟能力者，由法定代理人為訴訟行為。私法人及非法人團體則由其代表人或管理人為訴訟行為。中央與地方機關由其代表人為訴訟行為。

　　若訴訟之結果將損害第三人之權利或法律上的利益時，該第三人得申請參加訴訟或由法院命其參加。此種人謂之參加人，參加人亦為訴訟當事人。

　　訴訟當事人不必親自為訴訟行為，而得委託他人為訴訟行為。受委託者謂之訴訟代理人。此外，於期日偕同當事人或訴訟代理人到場，以協助其為訴訟行為者謂之輔佐人。

第四項　行政訴訟的提起

　　不服訴願決定而提起之撤銷訴訟，應於訴願決定書送達後二個月之期間內為之。此兩個月為法定不變期間。如因天災或其他不應歸責於訴願人之事由，致遲誤不變期間時，訴願人得聲請回復原狀及提起行政訴訟。惟自訴願決定書送達後已逾三年時，則不得提起行政訴訟。

　　訴願人以外之利害關係人之訴訟期間則自其知悉時起算。但自訴願決定書送達於訴願人後，已逾三年時，則不得再提起行政訴訟。

　　起訴應以訴狀向行政法院為之。訴狀應表明：

　　㈠當事人。

　　㈡起訴之聲明。

　　㈢訴訟標的及其原因事實。

　　除上述者外，訴狀內宜記載應適用程序上之有關事項、證據方法及其

他準備言詞辯論之事項。在起訴前已經過訴願前置程序時，應附具有關之決定書。

行政訴訟之提起，不影響原行政處分或原訴願決定之執行。但若執行將發生難以回復之損害時，行政法院得依職權或依原告之聲請，命其停止執行。但若停止執行於公共利益有重大影響或原告之訴在法律上顯無理由時，仍不得停止執行。

第五項　行政訴訟的審理

行政訴訟被提起之後，行政法院應即為審理。審理分兩方面：行政訴訟要件的審查與實質的審查。

有下列情形之一時，行政法院應以裁定駁回原告之訴，但能補正者，應先予補正：

㈠訴訟事件不屬行政法院之權限。

㈡訴訟事件不屬受訴行政法院管轄而又不能請求指定管轄及為移送訴訟之裁定。

㈢原告或被告無當事人能力。

㈣原告或被告未由合法之法定代理人、代表人或管理人為訴訟行為。

㈤訴訟代理人起訴但其代理權有欠缺。

㈥起訴逾越法定期限。

㈦就已起訴之事件，在訴訟繫屬中更行起訴。

㈧經終局判決後撤回其訴，復提起同一之訴。

㈨訴訟標的為確定判決或和解之效力所及。

㈩起訴不合程序或不備其他要件。

如前所述，對於違法但非無效之行政處分，應先經訴願程序始得提起撤銷訴訟。若原告誤將應撤銷之行政處分視為無效行政處分，未經訴願程序而逕向行政法院提起確認訴訟時，行政法院應以裁定將訴訟事件移送訴願管轄機關，並視訴願已經提起。

在審查行政訴訟要件之後，應即就行政訴訟事件為實質審查。行政訴訟的實質審查，包括事實的認定與法律之解釋及適用。

行政訴訟第一審程序採言詞審理主義。故當事人應進行言詞辯論。上訴審原則上不經言詞辯論，但若有下列原因之一，行政法院得因聲請或依職權進行言詞辯論：

㈠法律關係複雜或法律見解紛歧，有以言詞辯明之必要。

㈡涉及專門知識或特殊經驗法則，有以言詞說明之必要。

㈢涉及公益或影響當事人權利義務重大，有行言詞辯論之必要。

原告之訴，在法律上顯無理由時，行政法院得不經言詞辯論逕以判決駁回之。

行政訴訟之裁判必須以民事法律關係之成立與否為準據，而該民事法律關係已經發生訴訟繫屬但未終結時，行政法院應暫時停止行政訴訟程序。此外，若民事、刑事或其他行政爭訟涉及行政訴訟之裁判（即對於行政法院之判決結果有影響）時，行政法院亦得暫停行政訴訟程序。

第六項　行政訴訟的裁判

所謂裁判，是指行政法院對於訴訟程序中之事項所為之判斷。裁判分為裁定與判決。凡行政訴訟法有特別規定時，以判決行之，其餘皆以裁定行之。

判決可分為下列各種：

㈠行政法院認原告之訴為有理由，為原告勝訴之判決，即：准其請求之判決。

㈡行政法院認原告之訴為無理由，為原告敗訴之判決，即：駁回請求之判決。

在撤銷訴訟中，原告勝訴判決又可分為下列各種情形：

㈠撤銷原行政處分或訴願之決定。

㈡撤銷原行政處分或訴願決定，命原機關另為處分或決定。

行政法院屬於司法機關,而與為行政處分及訴願決定之行政機關不同。因此，行政法院不宜於撤銷處分或決定後，自為決定以代之。但若原行政處分之違法情形只涉及金額或數量時，則行政法院得在原告聲明之範圍內自行判決加以糾正，而不必發回原處分機關另為處分。此種判決稱為撤銷訴訟之代替判決。

行政處分於判決前雖已經執行完畢，但經原告之聲請，行政法院得於為撤銷判決時，命原處分機關為回復原狀之處置。

原行政處分或訴願之決定雖屬違法而應予撤銷，但若其撤銷或變更對於公共利益有更重大之損害時，行政法院仍應為駁回原告之訴之判決。惟行政法院應權衡公益損害及當事人之損害，來作成決定。

判決應作成判決書，並予宣示。

第七項　再審與重新審理

行政法院所為之判決，當事人已無上訴之途，則發生形式確定力。所謂再審，是對於確定判決聲明不服的方法。提起再審之訴之事由，大都為訴訟程序或判決基礎方面的重大瑕疵。行政訴訟法第二七三條列舉下列各項再審之事由：

㈠適用法律顯有錯誤者。

㈡判決理由與主文顯有矛盾者。

㈢判決法院之組織不合法者。

㈣依法律或裁判應迴避之法官參與裁判者。

㈤當事人於訴訟未經合法代理或代表者。

㈥當事人知他造之住居所，指為所在不明而與涉訟者。但他造已承認其訴訟程序者，不在此限。

㈦參與裁判之法官關於該訴訟違背職務，犯刑事上之罪者。

㈧當事人之代理人、代表人、管理人或他造或其代理人、代表人、管理人關於該訴訟有刑事上應罰之行為，影響於判決者。

㈨為判決基礎之證物係偽造或變造者。

㈩證人、鑑定人或通譯就為判決基礎之證言、鑑定或通譯為虛偽陳述者。

㈠為判決基礎之民事或刑事判決及其他裁判或行政處分，依其後之確定裁判或行政處分已變更者。

㈡當事人發見就同一訴訟標的在前已有確定判決或和解或得使用該判決或和解者。

㈢當事人發見未經斟酌之證物或得使用該證物者。但以經過斟酌可受較有利之裁判者為限。

㈣原判決就足以影響判決之重要證物漏未斟酌。

撤銷或變更原處分或決定之判決，對於第三人亦發生效力。若非可歸責於該第三人自己之事由，致其不能參加訴訟提出足以影響判決結果之攻擊或防禦方法時，該第三人得對於確定之終局判決聲請重新審理。但第三人聲請重新審理，以判決對其發生不利結果為條件，即：判決損害其權利。

再審提起之期間為三十日，且自判決確定時起算，若當事人在判決確定後始知悉再審理由，則自知悉時起算。再審之訴自判決確定時起，已逾五年者，不得提起。

重新審理應於知悉確定判決之日起三十日內提起。但自判決確定之日起已逾一年者，則不得再提重新審理之申請。

第 *8* 章

行政罰

第一節 概 說

公法上的不法行為，是指違反公法義務的行為。對於此種不法行為的制裁，基本上可大別為：刑罰、行政罰與懲戒處分。懲戒處分是對於公務員所為的制裁。刑罰及行政罰則是對於一般人所為的制裁。

應受刑罰之不法行為，謂之犯罪；而應受行政罰之不法行為，謂之行政不法行為。何種行為屬犯罪，而應受刑罰，以及何種行為屬行政不法行為，而應受行政罰，是立法問題，應由立法者為決定。

行政不法行為之處罰，應適用「無法不罰」原則 (nulla poena sine lege)（此原則在刑法上謂之罪刑法定主義）。由「無法不罰」原則得演繹出下列原則：

㈠**成文法原則**：不法行為的種類及構成要件，以及處罰必須以成文法明定。

㈡**確定原則**：成文法所定之不法行為的構成要件，必須明確，使一般人能據此預知何種行為屬於不法行為。

㈢**禁止溯及既往原則**：法律不得溯及既往適用，致使在法律生效前之行為成為不法行為或予以加重處罰。

㈣**禁止類推適用原則**：不法行為的構成要件及處罰，不得類推適用於其他行為。

行政罰的制裁種類有三：罰鍰、沒入及裁罰性之不利處分。行政罰之裁處由行政機關為之。行政罰之決定，在性質上屬於行政處分。因此，不服行政罰之決定，得提起行政救濟。

各種的行政不法行為為何，以及相關的制裁為何，皆規定於各個特別行政法之中。行政罰法係總則性的規定，因此各個特別行政法有關不法行為與制裁的規定應配合行政罰法而為適用。

第二節　行政不法行為

行政制裁發生的條件是行政不法行為。行政不法行為的要件如下：

㈠行　為

此地所稱行為，是指人之行為。所謂「人」，包括自然人、私法人、設有代表人或管理人之非法人團體、中央機關、地方機關及其他公權力主體之機關。前述所謂人，基本上是指中華民國人，但也兼及外國自然人、私法人及設有代表人或管理人之非法人團體。外國政府機關或其他公權力主體的機關則不包括在內，因為依據國際法，該等機關在我國境內享有管轄豁免權。

前段所述自然人必須具有責任能力，亦即：年滿十四歲。雖年滿十四歲但於行為時有精神障礙或其他心智缺陷，致不能辨識行為違法或欠缺此種辨識能力者，無責任能力。

行為是指行為人違反行政法上義務所為的行為。義務若非源於抽象規定即是具體規定。前者如：道路交通管理處罰條例第十二條（不得無照駕駛之義務），食品安全衛生管理法第二十條（肉用家畜及其屠體之衛生檢查義務）。後者是指行為人所受行政機關之行政處分，如：命甲拆除中山路五號違建之決定。

行為有三種態樣：作為、不作為及容忍。作為是積極行為，不作為及容忍屬於消極行為。行政罰法特別明定下列兩種行為亦屬此地所稱之行為：

1. 對於他人發生違反行政法上義務之情況，依法有防止義務而未防止時，此種不作為屬於違反行政法上義務的行為。
2. 因自己行為致引起有發生違反行政法上義務之危險時，該人負防止危險發生的義務。若違反此義務，則屬於違反行政法上義務的行為。

行為限於發生在中華民國領域內，或發生在中華民國領域外的中華民國船艦或航空器中或中華民國依國際法得行使管轄權的區域中。

㈡行為具違法性

凡是違反行政法上義務的行為，即具有違法性。但若有特殊理由，則不應視行政罰法所規定行為具有違法性。阻止行為具有違法性之理由，謂之阻卻違法事由。阻卻違法事由係植基於整體法秩序，換言之：是否有阻卻違法事由，應從民、刑、行政及其他規定來確定。此外，阻卻違法事由不僅是植基於成文法，也植基於習慣法。行政罰法所規定之阻卻違法事由有：

1. 正當防衛。
2. 緊急避難。
3. 依法之行為。

㈢行為人具可責性

行為人應具有可責性。行為人本應依法為行為，而今竟故意為違法行為，顯然行為人具有可責性。又：若我們可預期行為人為合法行為，今竟由於行為人不注意（過失），而為違法行為，顯然行為人有可責性。綜合以上所述，行為人是否有可責性，端視其是否有故意或過失。

自然人的故意、過失，當然就自然人本身為確認。法人或設有代理人或管理人之非法人團體的故意、過失，則就其代理人、管理人或其他對外有代表權之人或就實際上為行為之人確認之。換言之，對外有代表權人或實際上為行為之人的故意、過失即為其所屬之法人或非法人團體的故意、過失。

第三節　制　裁

第一項　制裁的種類

行政罰的制裁方式有三：罰鍰、沒入及裁罰性之不利處分。

所謂罰鍰，是指命行為人繳付一定數額之金錢。罰鍰數額由裁處機關在法定的上下限額間予以決定。

所謂沒入，是指剝奪行政不法行為所涉及之物，如：不法行為所利用之工具或因不法行為所生之產製品。沒入之物以屬於應受處罰者為限。但下列情形則屬例外：

㈠物雖非應受處罰者所有，但因物之所有人的故意或重大過失，而使該物成為行政不法行為之工具時，得予以沒入。

㈡在行政不法行為發生後，非應受處罰人明知物得被沒入但為規避沒入而取得物之所有權時，該物得予沒入。

得沒入之物在沒入裁處之前，因處分、使用或其他方法致不能沒入時，則沒入物之價額。若發生物之價值減損時，則同時沒入物與減損之差額。被裁處沒入之物，因處分、使用或其他方法致不能執行沒入時，則追徵物的價額，若物之價值發生減損，除執行物之沒入外，尚追徵減損之差額。

所謂裁罰性的不利處分，是指下列各種處分：

㈠限制或禁止行為之處分，如：限制或停止營業，吊扣證照，命令停工或停止使用，禁止行駛，禁止出入港口、機場或特定場所，禁止製造、販賣、輸出入，禁止申請等。

㈡剝奪或消滅資格、權利之處分，如：命令歇業、命令解散、撤銷或廢止許可或登記、吊銷證照等。

㈢影響名譽之處分，如：公布姓名或名稱、公布照片等。

㈣警告性之處分，如：警告、告誡、記點、記次、講習、輔導教育等。

第二項　裁　量

對於行為人是否予以處罰，應視各個特別行政法中相關規定的態度而定。有些規定明定不法行政行為必須予以制裁（法定原則），有些規定則授權裁處機關決定是否予以制裁（便宜原則）。在前者情形中，裁處機關並無裁量餘地；若認定發生行政不法行為，則必須予以處罰。在後者情形中，

裁處機關得裁量是否予以處罰。但無論規定是採便宜原則或法定原則，若行為人因不知規定而為不法行政行為，得視其情節免予處罰。

裁處機關在確定應予處罰之後，則應依相關規定裁量應予處罰之程度為何。依行政罰法之規定，行為人有下列情形之一時，得減輕處罰：

㈠十四歲以上，但未滿十八歲的自然人，得減輕處罰。

㈡因精神障礙或其他心智缺陷，致在行為時辨識行為違法或依辨識而行為之能力，顯著減低，得減輕處罰。惟精神障礙或其他心智缺陷，係由行為人自行招致時，則不適用前述規定。

㈢因不知規定而為行為，得依其情節減輕處罰。

罰鍰金額由裁處機關在法定數額的上下限內，裁量定之。裁處機關為裁量時，應審斟下列因素：行為受責難的程度、行為所生的影響、違反行政法上義務所得之利益及受罰者的資力。此外，行政罰法尚設有一些關於罰鍰裁量的標準：

㈠若基於行政不法行為所得之利益超過罰鍰金額法定上限時，得於所得利益範圍內斟量加重，且不受該法定上限的限制。

㈡違反行政法上義務，行為應受法定最高額新臺幣三千元以下罰鍰之處罰，且其情節輕微，以不處罰為適當時，得免予處罰。在此情形中，得對於行為人施以糾正或勸導。

裁處機關為減輕罰鍰處罰時，裁處之罰鍰不得逾法定最高額的二分之一，亦不得低於法定最低額的二分之一。裁處機關為免除處罰時，裁處之罰鍰不得逾法定最高額的三分之一，亦不得低於法定最低額的三分之一。但若法有特別規定時，則不在此限。

第四節　管轄機關

行政罰裁處管轄機關，基本上是指相關的特別行政法所規定之主管機關，但依據下列標準而為具體確定：

㈠**在中華民國領域內之行政不法行為：**由行為地、結果地、行為人之住所、居所或營業所或公務所所在地之主管機關為管轄。

㈡**在中華民國領域外之中華民國船艦或航空器內之行政不法行為：**由船艦本籍地、航空器出發地或行為後在中華民國領域內最初停泊地或降落地之主管機關管轄。

㈢**在中華民國享有管轄權的區域內之行政不法行為：**由行為人所在地主管機關管轄，但發生在外國船艦或航空器內之行政不法行為，則由行為後船艦或航空器在中華民國領域內最初停泊或降落地之主管機關管轄。

若一個行為，數機關皆有管轄權時（管轄競合），則依下列原則處理：

㈠一行為違反一個行政法的規定，但數機關皆有管轄權時，由處理在先的機關管轄，不能分別處理先後時，由各機關協議定管轄。若不能協議或有統一管轄必要時，由共同上級機關決定管轄。

㈡一行為違反數個行政法規定應受罰鍰制裁，且數機關皆有管轄權時，由法定罰鍰額最高的管轄機關裁處。若法定罰鍰最高皆相同，則依前述㈠之標準處理。

㈢一行為違反數個行政法規定應受沒入或裁罰性之不利處分，且數機關皆有管轄權時，由各管轄機關分別裁處。但若制裁種類相同，且從一重處罰即可達到行政目的時，則不得重複裁處，由最重處罰機關管轄。

第五節　裁處程序

裁處程序為行政程序之一種，因此，基本上應適用行政程序法的相關規定，但法有特別規定時，則應從之。行政罰法對於裁處程序設有一些特別規定。此特別規定，分述如下：

一、執行人員出示證件之義務

行政機關執行職務人員，在執行行政罰相關職務時，應向行為人出示

執行職務之證明文件或顯示足資辨別之標誌，並告知其所違反之規定。

二、強制措施

行政機關得對於行為人採取下列強制措施：

㈠即時制止行為人之行為。

㈡製作書面紀錄。

㈢為保全證據之措施。遇有抗拒且情況急迫時，得使用強制力排除抵抗。

㈣確認行為人身分。遇拒絕或規避身分的查證，經勸導仍無效且情況急迫時，得令行為人隨同到指定處所查證身分。若不隨同到指定處所，則得會同警察人員強制為之。

行為人不服前揭㈢及㈣之措施時，得當場向執行職務人員表示異議及陳述理由。執行職務人員認為異議有理由時，得停止或變更措施，若認為無理由，則繼續執行。行為人得要求製作異議要旨之紀錄及收存之。

三、物之扣留

得沒入或可供為證據之物，得予以扣留，以確保未來沒入之執行及保全證據。供為證據之物之扣留的範圍及期間，由裁處機關裁量定之，但扣留的範圍與時間，則以供檢查、檢驗、鑑定或其他保全證據之目的所必要者為限。

裁處機關為扣留之目的，應對於物之所有人、持有人或保管人要求提出或交付物。無正當理由拒絕提出、交付或抗拒扣留時，得施以強制措施以達到目的。

裁處機關針對扣留，應做成紀錄。紀錄應記載扣留實施之時間、處所、扣留物之名目以及其他必要之事項。紀錄應由在場之人簽名、蓋章或按指印。若在場之人拒絕簽名、蓋章或按指印時，應於紀錄記明之。扣留物之所有人、持有人或保管人在場時或經其請求，應製作收據交付之。收據應記載扣留物之名目。

扣留物應加封緘或其他標識，並為適當的處置。若扣留物不便搬運或

保管時，得命人看守或交由所有人或其他適當之人保管。得沒入之物有毀損之虞或不便保管時，得予拍賣或變賣而保管其價金。扣留物易生危險時，得毀棄之。

在案件終結前，扣留物無留存之必要，或案件為不予處罰或未為沒入之裁處時，應發還扣留物。若扣留物已經拍賣或變賣或已毀棄時，應發還或償還其價金。扣留物的應受發還人所在不明，或因其他事故不能發還時，應公告之。自公告之日起滿六個月，無人申請發還時，扣留物屬公庫所有。

物之所有人、持有人、保管人或利害關係人不服扣留時，得向扣留機關聲明異議。扣留機關認為聲明異議有理由時，應發還扣留物或變更扣留行為。若認為無理由，應加具意見，送直接上級機關決定。不服直接上級機關之決定時，得在對裁處案件實體決定聲明不服時，一併為聲明不服。但若物之所有人、持有人、保管人或利害關係人不得對於裁處案件實體決定聲明不服時，得單獨對於扣留逕行提起行政訴訟。

四、陳述意見

裁處機關於裁處決定前，應給予受處罰者陳述意見的機會。但有下列情形之一時，則可免除：

㈠已依行政程序法第三九條規定，通知受罰者陳述意見。

㈡已依職權或依行政罰法第四三條規定，舉行聽證。

㈢大量作成的同種類裁處。

㈣情況緊迫，如給予陳述意見機會，顯然違背公共利益。

㈤受法定期間之限制，如給予陳述意見機會，顯然不能遵行。

㈥裁處所依據之事實，客觀上明白而足以確認。

㈦法律有特別規定。

五、聽　證

若裁處之制裁屬於限制或禁止行為的處分或剝奪或消滅資格、權利之處分時，應受處罰者得在裁處決定作成之前，申請舉行聽證。但有下列情

形之一時，則不得申請：

　　㈠有行政罰法第四二條各款情形之一。

　　㈡影響自由或權利之內容及程度，顯屬輕微。

　　㈢已依行政程序法第一〇四條規定，通知受處罰者陳述意見，而未於期限內陳述意見。

六、裁處書

　　行政罰之裁處決定應以書面為之，即：應製作裁處書並予送達受處罰者。

第六節　行政罰與刑罰競合的處理

　　一行為同時違反行政法規定與刑事法規定時，依禁止雙重處罰原則，僅依刑事法論處。但若案件經檢察官為不起訴處分或緩起訴處分，或經法院為無罪、免訴、不受理、不付審理、不付保護處分、免刑或緩刑之裁判並經確定後，行政罰裁處機關仍得依相關行政法規定為處罰。

　　另一方面，一個行為雖已經法院為刑事制裁，仍得依相關行政法規定予以裁罰性不利處分。一個行為已經法院為刑事制裁，但相關之物未經法院宣告予以沒收時，該物仍得由行政罰裁處機關依相關行政法規定予以沒入。

第七節　消滅時效與執行時效

　　行政機關的裁處權，因三年期間的經過而消滅，即發生不得再行使的效果。

　　消滅時效期間，自行為終了時起算，但若行為之結果發生在後時，則自結果發生時起算。如行為受不起訴處分或緩起訴處分確定，或受無罪、

免訴、不受理、不付審理、不付保護處分、免刑或緩刑之裁判時，則自該裁判確定日起算。行政罰的裁處決定因訴願、行政訴訟或其他救濟程序而被撤銷，而須另為裁處時，該裁處的消滅時效自原裁處決定被撤銷確定之日起算。

裁處權時效，因天災、事變或依法律規定不能開始或進行裁處時，應停止進行。停止進行之時效自停止原因消滅之翌日起繼續進行。

行政罰之執行時效，因五年而消滅，亦即經過五年，即不得執行行政罰之決定。此五年自處分或裁定確定之日起算，其他依法之義務，則以書面通知限期履行之期間屆滿之日起算。但在五年屆滿前即已開始執行，則在屆滿五年時仍得繼續執行。惟自五年期間屆滿之日起已逾五年尚未執行完畢時，則不得再繼續執行。

第 9 章

行政主體的給付義務

第一節　概　說

　　行政主體對於人民為各種行為。不論是依法行為或是違法行為，皆不能造成人民利益的喪失。行政主體對於人民的所失，應予填補。因依法行為所生的利益喪失，謂之損失，因違法行為所生的利益喪失，謂之損害。填補損失，謂之補償，填補損害，謂之賠償。行政主體對於人民的損失補償或損害賠償，皆是行政主體的給付義務。

　　責任一詞，用法不一。此地所稱責任，是指行政主體基於違法行為而生的給付義務。

　　鑑於給付義務所植基規定性質的不同，而可以把給付義務區分為公法給付義務及私法給付義務。同樣地，也可以把責任區分為公法責任及私法責任。

　　行政主體的給付義務有下列數種：私法損害賠償責任、公法損害賠償責任及公法損失補償義務。而公法損失補償義務又分為下列各種：對於具財產價值權利徵收所生的補償義務、對於不具財產價值權利徵收所生的補償義務、對於具財產價值權利準徵收所生的補償義務、對於具財產價值權利類似徵收所生的補償義務、對於不具財產價值權利類似徵收所生的補償義務。

　　對於具財產價值權利以及對於不具財產價值權利的類似徵收，在基本上是指行政主體的違法行為。基此而生的填補義務應屬損害賠償的性質。但德國法制仍把因類似徵收而生的填補義務稱為補償義務，並以此來處理相關問題。

　　不可否認的，在法制上，仍有可能設置其他種類的給付義務，例如：依據刑事補償法的規定，受羈押或刑之執行者，於受不起訴處分或獲判無罪時，行政主體應負補償義務。本章的說明，不包括這類的特殊的給付義務。

第二節　行政主體的私法損害賠償責任

　　行政主體亦為私法上的主體。行政主體因私法上之不法行為，致他人遭受損害時，對受害人負有賠償義務。此項因私法上不法行為而生之賠償義務，即為行政主體之私法上責任。私法上的責任，因責任條件與責任結果之差異，而各有不同，例如：

㈠契約關係中的責任：受領遲延之責任、債務不履行之責任：

　1.臺北市政府與甲商店訂約購買椅子四十張。雙方約定於四月五日在臺北市政府交貨。在約定的交付日，甲將椅子運送至臺北市政府，但卻發現臺北市政府大門深鎖，並於門首張貼公告謂：「因自強活動，休息兩天。」甲遂又將椅子四十張運回倉庫寄存。在此種情形中，債權人──臺北市──因受領遲延，應依民法第二四○條規定，對甲賠償因提出及保管給付物所支出的費用。

　2.臺北市政府與甲電影公司簽約，應允將消防車三部借予甲公司拍片使用。嗣後臺北市政府顧慮出借公物，將開惡例，而於約定之交付日，拒絕交付。甲因無法進行拍片，致各項準備工作落空，而損失五十萬元。在此種情形中，臺北市應依拒絕履行債務之理由，賠償甲之損失。

　3.臺北市所營員工消費合作社，因進貨延誤，遂將已逾安全食用期限之米置於架上出售。甲購得已生蟲之米兩袋，並將其摻入其他米中，致所有的米皆不可食用。在此種情形中，臺北市應依不完全給付之理由，賠償甲之損失。

㈡因侵權行為而生的責任：

　1.臺北市政府與營造商甲簽訂契約，由甲承造辦公大樓乙座。臺北市政府對於鷹架之搭蓋特予指示。不久鷹架因指示不當而倒塌，壓傷路人乙，在此種情形中，臺北市應依民法第一八九條但書規定，負

賠償義務（定作人責任）。

2. 臺東市政府在知本地區從事養殖事業。臺東市政府與甲簽約，約定由甲每日將漁貨由知本運送至臺東市。若甲於運送途中因超車撞傷路人乙，在此種情形中，臺東市應依民法第一八八條以僱用人身分與受僱人甲對乙負連帶賠償責任。

3. 除上揭兩例外，行政主體尚可依民法第九一條及第一六五條負賠償義務。

㈢類推適用民法第二八條：

若類推適用民法第二八條，則國家因其代表執行職務加損害於他人，而與其代表對受害人負連帶賠償責任。此地所謂代表，是指對外有代表行政主體之行政首長而言。例如：市長、縣長等等。所謂執行職務，是指為職務上之目的依私法所為的行為而言。

民法第一八六條之公務員責任，係公務員本身之責任，非屬此地所謂的國家在私法上的責任。

第三節　行政主體的公法損害賠償責任

第一項　賠償責任的意義與性質

所謂賠償責任，是指行政主體因不法（違背公法）行為所造成之損害，而對被害人所負的賠償義務。依據國家賠償法的規定，行政主體的賠償責任有兩種形態：

㈠公務員執行職務行使公權力致生損害之賠償責任。

㈡公有公共設施設置或管理欠缺致生損害之賠償責任。

通說皆認為，前揭㈠之賠償責任是代位責任，而非自己責任。通說是否合理，值得商榷。代位責任是德國法的制度。代位責任植基於一個基本

觀點：一個公務員的行為必須要依法，才能視為國家的行為，反之，則不可能是國家的行為。公務員違法行為既然不是國家行為，當然也不可能對此行為所生的損害負責。公務員違法行為所生的損害賠償責任，應由公務員自行承擔。德國民法第八三九條即反映此項意旨。但基於鼓勵公務員勇於任事，免受責任的困擾，以及考慮受害人得以有效獲得賠償，德國威瑪憲法第一三一條把公務員依民法第八三九條所生的責任移轉到國家身上。後來的德國基本法第三四條承襲威瑪憲法的規定，把基於民法所生的公務員個人的賠償義務，移轉到行政主體身上。從德國法制來看，行政主體的賠償責任實是承受公務員個人責任而生的結果。因此，賠償責任的發生條件、賠償方法與範圍等問題，皆以民法相關規定為核心來解釋與適用。而德國也就沒有針對行政主體賠償義務問題制定一套單一的法典。

如果在我國法制上要把行政主體的賠償責任定位在代位責任，則僅需仿照德國法制做法，把民法第一八六條與憲法第二四條相互結合而為解釋即可達到目的。亦即：把憲法第二四條視為轉嫁規定；該規定把依民法第一八六條所生的公務員責任移轉到行政主體身上。在此種狀況之下，並不需要訂定所謂的「國家賠償法」。如果要制定國家賠償法，也僅需要設置表示轉移責任的條文即可。

今若國家賠償法明定在特定條件下，行政主體即有賠償義務，則表明該項賠償義務在特定條件下即直接對行政主體發生（即：直接歸屬於行政主體）。那麼，依據國家賠償法的規定，行政主體的賠償責任，實是自己責任，而不是承受公務員依民法所生的責任。亦即，並非代位責任。如果，國家賠償法中賠償責任是代位責任，那麼國家賠償法中之責任發生條件、賠償方法與範圍、請求權消滅時效等規定，豈非畫蛇添足。而這些規定適足以證明，國家賠償法中之賠償責任並非代位責任，而是國家賠償法自行設置的國家自己責任。

也許有人以為，國家賠償法並非以行政主體自己的行為所引起的損害作為責任發生的條件，而是以他人（即：公務員）行為所生損害作為條件，因此，行政主體實是對於他人行為負賠償責任，亦即：為他人負賠償責任，

故為代位責任。此種說法的可行性，值得懷疑。一個責任是否為自己責任或代位責任，是看條件發生時，責任是否直接對特定人發生而定。若是，則是該特定人的自己責任。至於發生責任的條件是以自己的行為或他人行為或甚至以某事實之發生為其內容，皆不影響自己責任的性質。若照前述看法，則民法第一八八條僱用人責任、第一八七條法定代理人責任，也皆屬代位責任了！因此，國家賠償法以公務員之行為做賠償責任發生條件之內涵，並不影響該責任仍為自己責任的性質。

國家賠償法的立法者顯然不察德國國家賠償法真諦，而把德國法制上代位責任的特點納入國家賠償法，亦即：以公務員行為為出發點來建構責任的條件。此種做法，產生了一個十分不合理的結果，即：把代位責任的責任條件，變成自己責任的責任條件。

若國家賠償法上賠償責任是行政主體自己責任，那麼應以行政主體之機關的行為，作為建構責任條件的基礎。因行政主體行為的作成是依靠機關。因為機關才能代表行政主體作成各種行為。機關與機關人員是不同的概念。對外得代表機關之機關人員的行為，在法律上視為機關的行為。而此種歸屬於機關的行為，則進一步再歸屬於該機關所屬之行政主體。機關人員的行為不可能直接歸屬於行政主體，而是透過機關而歸屬於行政主體。面臨此種法理上的結構，國家賠償責任條件的建構，應著眼於機關行為，而不是機關人員的行為。國家賠償法第二條第二項宜朝此方向為修訂，排除以公務員行為作為建構行政主體賠償責任的條件。

國家賠償法中責任條件的立法有重大瑕疵，而學說又把德國代位責任的概念用來闡釋該責任條件，導致整個責任條件的解讀變得晦澀不明及矛盾叢生，而難以理解。在下文中，將以自己責任立場來解釋責任條件。雖然仍有許多困難，但至少是朝向一個合理的方向來走。而國家賠償法中其他規定，亦應以自己責任的立場來解讀。但是，此種做法仍然不能排除一些因基本結構上的矛盾所衍生出來的不合理現象。根本解決問題之道，則是修法。

國家賠償法第三條第一項的賠償責任，也是自己責任。該條明定，在

特定的條件──公有公共設施設置或管理欠缺致生損害──下，行政主體有賠償義務，亦即：行政主體為責任主體。該條並未規定某特定主體之賠償義務，應由行政主體來代為履行。

第二項　賠償責任的條件

國家賠償責任發生的條件，分別規定於國家賠償法第二條第二項及第三條第一項。下文將依此規定，說明賠償責任的條件。

國家賠償法第二條第二項規定：「公務員於執行職務行使公權力時，因故意或過失不法侵害人民自由或權利者，國家應負損害賠償責任。」此項責任條件，析述如下：

㈠**行為**：國家賠償法第二條第二項雖然未明文指出「行為」一詞，但是由該條整體意旨來看，必然是指公務員的行為。行為包括了作為與不作為兩種。作為是指積極的動作，不作為是指消極的不動作。但是，僅單純地沒有動作，並不可稱之為不作為。不作為是指：「應作為而不作為」。析言之，依規定有積極為特定行為的義務，但卻不為履行該義務的行為時，謂之不作為。反之，若依規定有不作為之義務，而卻積極為作為時，則該行為即屬前述的作為。

㈡**公務員**：行為是指公務員所為的行為。所謂公務員，是指基於任命或其他形式而進入公務員關係中者。所謂「其他形式」，如：行政契約或委託。基於行政契約而產生的公務員，如：工友、聘用人員等。基於委託而產生的公務員，即是所謂的受託人。

行政助手，並非是此地所稱的公務員。因行政助手係立於輔助地位協助公務員為行為。行政助手的行為被吸收入公務員所為的行為中，而形成其部分。

㈢**執行職務行使公權力**：公務員所為的行為是指「在執行職務行使公權力時」所為的行為。換言之，是指因執行職務行使公權力而為的行為。

身為公務員的人所為的行為可分為兩種：執行職務的行為以及非執行

職務的行為。前者，如：拆除違建、巡邏、拒絕人民的申請案、整理二二八公園中之花木，後者，如：週日駕車出遊、整理自家花園。

執行職務的行為，基本上是依公法作成，例如：巡邏、拆除違建、整理二二八公園的花木、拒絕人民的申請案等等。而依公法所為之行為，即是行使公權力的行為。但有時執行職務的行為，是依私法而作成，例如：因需要辦公處所而與甲簽訂租賃契約。此種行為，並非是行使公權力的行為。

(四)**違法**：由依法行政原則，可以演繹出一項原則：公務員為執行職務之行為時，應依法為之。此地所稱的「法」包括與行為的作成有關的各種規定，而此規定兼及抽象規定及具體規定。此種規定，例如：

1. 有關行為作成的條件。
2. 有關作成行政行為時應遵守的基本原則：如：比例原則、誠信原則、平等原則、人民基本權利、信賴保護原則等等。
3. 行政程序法中的規定：在法定期限內（二個月）處理完畢人民的申請案，辦理聽證、資訊公開、行政機關的曉諭義務等等。
4. 行政機關有為無瑕疵之裁量義務，行政機關對於不特定法律概念應為適當的判斷等等。

公務員違反相關規定而為行為時，即屬違法。

(五)**侵害人民權利及自由**：行為時應遵守的規定，有時是在保障個人利益，有時則兼及個人及公共利益。若公務員違反規定而為行為時，則表示侵害個人利益。此地所稱利益，包括個人的權利及自由。此地所稱之「權利或自由」並非專指憲法上所稱的基本權利和自由，而泛稱所有的權利和自由。權利是基於規定而來的，包括公法性質的權利及私法性質的權利。所謂自由，是指規定未為規制的範疇。在此範疇中，人民得自行決定及為行為。

「人民」是指個人，而不是指「整體社會」。在特別行政法律關係中之文職及武職公務員，則不屬於此地所稱的人民。國家賠償法第二條第二項之立法目的，在於保障一般人民之利益為目的，而一般人民是指在行政系

統之外的人。而該條所稱的行為，是指向在行政系統之外的人所為者。公務員向在行政系統中之人（即：另一公務員）所為的行為，非前揭條文所涵蓋的範疇。因此，前揭所稱人民，不包括文武職公務員在內。

㈥**引起損害**：公務員違法侵害人民利益及自由的行為，必須在人民方面引起損害的發生。損害包括財產上的損害及非財產上的損害。行為與損害之間應有因果關係。因果關係的認定，採相當因果關係說。

㈦**故意、過失**：公務員對於違法行為的作成，應有故意或過失。所謂故意，是指明知行為違法，仍有意使其發生。所謂過失，是指因欠注意，而致不知行為違法。所謂注意，是以在執行職務行使公權力時，一般公務員皆應有之注意程度為準。

國家賠償法第三條第一項規定：「公有公共設施因設置或管理有欠缺，致人民生命、身體或財產受損害者，國家應負損害賠償責任。」

國家賠償法第三條第一項，析述如下：

㈠**公有公共設施**：所謂公共設施，是指供諸公眾使用之公物。公共設施不包括供諸行政主體機關自行使用之物。所謂公有非指「行政主體所有（所有權）」，而是指「在行政主體管理之下」。綜合言之：所謂公有公共設施，是指在行政主體管理下之供公眾使用之公物。至於該公物之所有權是否屬於行政主體，則非所問。

㈡**設置或管理有欠缺**：行政主體對於公有公共設施之管理未採必要措施或採取之措施不當，致公共設施含有欠缺，或者對於公共設施之設立未採取需要之措施或採取的措施不當，致公共設施含有欠缺。欠缺是指未具備應有之性狀。

㈢**人民生命、身體或財產遭受損害**：前揭不作為或不適當的作為，侵害人民生命、身體或財產。此項侵害引起損害，即：侵害與損害間有因果關係。損害兼及財產上損害及非財產上損害。

第三項　賠償的方法與範圍

損害賠償的方法，原則上是金錢，但若以回復原狀為適當，則採回復原狀。但是，回復原狀應經損害賠償請求權人之請求，始得為之，而不得由賠償義務機關依職權或由訴訟繫屬法院裁量為之。

以金錢為賠償方法之賠償範圍的確定，應準用民法有關規定。基此，損害賠償範圍應涵蓋所受損失及所失利益。而過失相抵原則與損益相抵原則，亦應予以適用，以確定賠償範圍。此外，損害賠償範圍亦應視不同情形，而包括下列各項：殯葬費、扶養費、勞動能力之喪失減少或生活需要之增加所支出之費用、慰撫金等。

第四項　責任主體與賠償義務機關

若斟酌國家賠償法之各項草案，應可確定該法第二條第二項及第三條第一項所指責任主體是「國家」及地方自治團體。但同法第十四條規定：「本法於其他公法人準用之。」綜合言之：國家賠償法上責任主體，包括各種行政主體在內。

責任主體是行政主體。行政主體有賠償之義務。行政主體必須經由其機關履行賠償義務。代表行政主體履行賠償義務之機關謂之賠償義務機關。

賠償義務機關如下：

㈠為不法行為之公務員所屬機關。若不法行為係由受託人所為，則以委託機關為賠償義務機關。

㈡公共設施之管理機關。此種機關可能是一般機關或營造物管理機關或公營造物之機關。

賠償義務機關裁撤、合併或改組時，則以承受其業務之機關為賠償義務機關。若無承受業務之機關時，則以原賠償機關之上級機關為賠償義務機關。

不能夠「確定」某機關是否為賠償義務機關時，則由該機關的上級機關來確定。若多數機關對其本身是否為賠償義務機關有爭議時，應由其共同上級機關確定賠償義務機關。前揭確定之請求由賠償請求權人提出。若上級機關自被請求之日起算二十日不為決定，則該上級機關即為賠償義務機關。

第五項　損害賠償請求權人

行政主體依國家賠償法第二條第二項及第三條第一項，對於受害人負損害賠償義務。受害人即為損害賠償請求權人。除此之外，為受害人支出殯葬費之人，受害人對之負有扶養義務之人及受害人之父母、子女與配偶皆為損害賠償請求權人。

第六項　損害賠償請求權的行使

損害賠償請求權，自損害發生時起五年消滅。但自損害賠償請求權人知有損害時起二年，損害賠償請求權消滅。

損害賠償請求權之行使，有兩種方法：協議及訴訟。

第一目　協　議

一、代理人

損害賠償請求權人，應自己進行協議程序。但損害賠償請求權人亦得委任代理人，進行協議程序。損害賠償請求權人為多數時，亦得委任其中一人或數人為代理人。代理人之委任，應備書面，即：委任書。

代理人得為一切有關協議之行為，但下列事項，除非於委任書中明定，不得為之：

㈠拋棄損害賠償請求權。

㈡撤回損害賠償之請求。

㈢領取損害賠償金。

㈣受領回復原狀。

㈤選任複代理人。

對於代理人權限之限制，應於委任書中載明。

損害賠償請求權人得解除代理人之代理權。解除於以書面通知賠償義務機關時發生效力。代理權不因損害賠償請求權人死亡、破產、喪失行為能力或法定代理權變更而消滅。

委任代理人有二人以上時，得各自單獨為協議之有關行為。

損害賠償請求權人為無行為能力人或限制行為能力人時，由法定代理人進行協議或由其委任之代理人參與協議。

二、書面請求

損害賠償請求權人應以書面向賠償義務機關請求賠償。此項書面應記載下列事項：

㈠請求權人之姓名、性別、年齡、籍貫、職業、住所或居所，請求權人為法人或其他團體者，其名稱及主事務所或主營業所。

㈡有代理人者，其姓名、性別、年齡、籍貫、職業、住所或居所。

㈢請求賠償的事實及理由。

㈣請求賠償的金額或回復原狀的內容。

㈤賠償義務機關。

㈥年、月、日。

損害賠償請求書，應由請求權人或代理人簽名或蓋章。

三、協議期日及協議處所之指定

賠償義務機關於收受賠償請求書之後，若認其非賠償義務機關或認為請求不成立時，應於收受賠償請求書後三十日內以書面拒絕請求（拒絕賠償理由書）。反之，賠償義務機關應即指定協議期日及協議處所，與賠償請

求權人或其代理人進行協議。

協議期日及處所之指定，應作成通知書，並送達於請求權人或其代理人。但通知書至遲應於協議期日前五日送達。若賠償義務機關面告賠償請求權人或其代理人協議之期日，同時記明於協議記錄，或者賠償義務機關面告協議期日經請求權人或代理人以書面陳明屆期到場時，與送達有同一效力。

原則上，以賠償義務機關所在地點為協議處所。但若在賠償義務機關進行協議不當時，則在其他地點為協議。

四、參與協議人

賠償義務機關應指派熟悉法制之人員承辦賠償業務。賠償義務機關應按事件之性質，洽請具有專門知識經驗之人，陳述意見。若請求賠償之金額或回復原狀之費用，達到行政院就同一事件所核定之一定金額時，賠償義務機關應請其所在地之地方法院派檢察官提供法律上意見。

若同一賠償責任有多數賠償義務機關時，受請求賠償之機關，應通知其他賠償義務機關，參加協議。賠償義務機關應通知原為侵害行為之公務員或受託人或對公共設施之設置或管理欠缺有應負責之第三人，使其到場陳述意見。

到場之賠償請求權人，得撤銷或更正其代理人有關事實之陳述。

五、協議之進行與協議記錄

賠償義務機關應為事實調查及蒐集證據，且與賠償請求權人就賠償方法、金額與其他相關問題，進行商議及達成共識。

賠償義務機關應製作協議記錄。協議記錄應記載事項如下：

㈠協議之處所及年月日。

㈡到場之賠償請求權人或代理人，賠償義務機關之代理人、受託人、專門知識經驗人及檢察官。

㈢協議事件之案號、案由。

㈣賠償請求權人請求損害賠償之金額或回復原狀之內容及請求之事實理由。

㈤賠償義務機關之意見。

㈥其他重要事項。

㈦協議結果。

前揭㈡之人員應簽名或蓋章於協議記錄。

六、協議成立及協議書

行政院應依機關等級決定各機關可自行決定與賠償請求權人達成協議之賠償額數。在此所定的額數內，各機關得與賠償請求權人達成協議。若協議之金額超過限度，則應先報請上級機關核定。惟若金額亦逾越上級機關本身所能自行決定達成協議之額數時，則應報請其直接上級機關核定。

上級機關在接到核定請求後十五日內，應作成核定。

達成協議，應作成協議書。協議書應記載下列事項：

㈠賠償請求權人姓名、性別、出生年月日、出生地、身分證統一編號、職業、住所或居所。若賠償請求權人為法人或其他團體時，則其名稱及主事務所或營業所及代表人之姓名、性別、住所或居所。

㈡有代理人時，代理人姓名、出生年月日、出生地、身分證統一編號、住所或居所。

㈢賠償義務機關之名稱及所在地。

㈣協議事件之案由、案號。

㈤損害賠償之金額或回復原狀之內容。

㈥賠償請求權人對於同一原因事實所發生之其他損害。願拋棄其損害賠償請求權者，其拋棄意旨。

㈦年、月、日。

協議書應由到場之賠償請求權人或代理人及賠償機關之法定代理人或指定代理人簽名或蓋章，並應加蓋機關之印信。

協議書應於協議成立後十日內送達於賠償請求權人。

七、協議不成立證明書

自開始協議之日起，逾六十日未達成協議時，則賠償請求權人得向賠償義務機關請求發給協議不成立證明書。若請求權人未向賠償義務機關請求發給協議不成立證明書時，則得再次請求賠償義務機關為協議，但以一次為限。

八、文書送達

在協議程序中所製作之各種文書——如：協議通知書、拒絕賠償書、協議不成立證明書、協議書等——，應送達於賠償請求權人及參與協議人。送達由賠償義務機關指派其所屬職員或交郵政機關為之。送達人應作成送達證書。送達之效力，自收受送達文件之翌日起算。

第二目　訴　訟

若賠償義務機關拒絕賠償，或自賠償請求提出之日起算逾三十日未開始協議，或自開始協議之日起算逾六十日未達成協議，賠償請求權人得提起損害賠償之訴。所謂「開始協議之日」，是指賠償義務機關所為協議通知中所載之第一次協議日。

起訴時，賠償請求權人應提出證據，證明起訴符合前述條件，例如：拒絕賠償通知書、協議不成立證明書及已申請協議之證明文件等。若賠償義務機關未發給協議不成立證明書，起訴時應提出已請求發給證明書之證明文件。

損害賠償之訴，由普通法院管轄。

賠償義務機關得請求管轄法院檢察單位指派檢察官，提供訴訟上必要之協助。

第三目 假處分

賠償請求權人於向賠償義務機關提出賠償請求權之後，得向本案管轄法院，聲請為假處分，命賠償義務機關暫先支付醫療費或喪葬費。但所支付之醫療費或喪葬費，以急需及必要者為限。

賠償義務機關於收受假處分之裁定後，應即墊付有關費用。若賠償義務機關拒絕支付，賠償請求權人得聲請強制執行。

墊付之醫療費或喪葬費，應於賠償金額中扣除之。惟賠償請求權人所受領之醫療費或喪葬費，於下列情形中，應予返還：

㈠協議不成立，而未請求繼續協議。

㈡協議不成立，而未提起損害賠償之訴。

㈢賠償請求權人受敗訴之判決確定。

㈣墊付之醫療費或喪葬費，超越協議、訴訟上和解或確定判決所定之賠償金額。

第四目 強制執行

若賠償請求權人與賠償義務機關達成協議，或賠償請求權人獲得終局勝訴判決或與賠償義務機關達成訴訟上和解，賠償請求權人即得向賠償義務機關請求為履行。賠償義務機關應於收受前項請求後三十日內，支付賠償金額或開始回復原狀。

若賠償義務機關不於上述期限內為支付或開始回復原狀，賠償請求權人得聲請強制執行。

第七項　行政主體的求償權

行政主體於依國家賠償法第二條第二項及第十三條為賠償後，對於第二條第二項所稱公務員及第十三條所稱之有審判或追訴職務之公務員有求償權，但以公務員或有審判或追訴職務之公務員有故意或重大過失時為限。

　　此外，行政主體於依國家賠償法第三條第二項為賠償後，對於「就損害原因有應負責任之人」有求償權。所謂「就損害原因有應負責任之人」，是指造成公共設施欠缺之人，例如：設計人、承攬人、修繕人等等。此種人是否也包括公務員在內？若斟酌行政主體得依國家賠償法第二條第三項及第十三條向公務員及有審判或追訴職務之公務員行使求償權，則似可將同法第三條第二項作擴張解釋，而包括公務員在內。但是，此項解釋會造成一項不合理的結果。依據國家賠償法第二條第二項及第十三條的求償權，以公務員及有審判或追訴職務之公務員之故意或過失為條件，而依據前揭解釋之求償權，則不必以公務員之故意或過失為條件。第三條第二項之公務員所負責任，顯然較第二條第二項及第十三條之公務員及有審判或追訴職務之公務員之責任為重。為求公平起見，似應於第三條第二項增列故意過失條件，作為求償權的條件。

第四節　行政主體的損失補償義務

第一項　具財產價值權利徵收所生的補償義務

　　所謂具財產價值權利徵收（以下簡稱徵收），是指行政主體為了公共福祉的目的，而為之侵害特定人之具財產價值權利的行為。該意義析述如下：

　　㈠徵收是行政主體的行為。行為僅限於積極的作為，不作為不是形成徵收的行為。行為在性質上是公權力行為，由行政主體的行政機關作成，通常採用行政處分的模式。行為是依據相關法律（形式意義）作成，因此是依法的行為。但有時因情況急迫，而不宜先由立法機關制定法律，再由行政機關依法律以行政行為形成徵收，而是由立法機關直接以立法行為來為徵收，亦即透過其制定的法律來為徵收。

　　㈡徵收的行為是以侵害特定人之具有財產價值權利為目的。換言之，

行政主體所為的行為，就是以侵害具有財產價值權利為目的，而非為其他
目的。侵害包括了三種情形：1.剝奪權利或將權利移轉於他人（行政主體
或第三人），2.限制權利的行使，3.毀損權利的標的物。所謂具有財產價值
的權利，是指具有下列特質的權利：權利所保障的法益，具有財產價值。
具有財產價值的權利，包括了公法性質的權利與私法性質的權利。

　　所謂特定人，是指單一的個人或多數的個人，而此單一或多數的個人
是特定的。若行政主體所為的行為，是針對不特定的人而為時，則該行為
是「一般」的行為，該行為即不可能是形成徵收的行為。前揭立法機關所
為的徵收行為（法律），也是以特定人為規制對象。

　　若一個行為並不是以侵害特定人的具財產價值權利為目的時，該行為
即非徵收行為。但若該行為附帶引起侵害特定人的具財產價值權利時，則
該行為形成「準徵收」。

　　㈢徵收是為了公共福祉的目的。所謂公共福祉，是指社會的共同利益，
例如：提供水、電、交通設施、教育設施等。

　　㈣徵收造成特定人的特別犧牲。徵收對於徵收對象形成一項特別犧牲。
具有財產價值的權利，在基本上是受到限制的，而此項限制存在於憲法及
依憲法所開展的法律（形式意義）之中。這些限制普遍適用於所有的具財
產價值的權利。但徵收是對於特定人的具財產價值權利造成額外的限制，
也就是說，僅對於特定人造成額外負擔。從另一個角度來看，徵收使特定
人承受了較其他人更多的負擔。此種情形，謂之特別犧牲。

　　若前揭的徵收對於徵收的對象造成財產方面的損失時，則對於徵收對
象產生補償請求權。補償義務人是指對於徵收有需求者。此種人若非行政
主體，即是第三人。例如：行政主體因自行興建高速公路的需要，而徵收
甲之土地，把該土地所有權歸於自己。此時，補償義務人是行政主體自己。
若乙為配合國家公布的政策，提供教育的機會而興建學校，而向行政主體
申請剝奪甲之土地所有權並把該所有權歸於自己，在該情形中，乙為補償
義務人。

　　損失補償異於損害賠償。損害賠償的範圍包括兩方面：㈠現存財產的

減少，㈡預期可以獲得之財產不能獲得。損失補償的範圍，則僅包括現有財產的減少。而現有財產的減少，又包括兩種情形：㈠權利損失：因權利喪失，權利不能行使或行使受限制而導致的現存財產的減少，㈡附隨損失：除權利損失之外的，其他方面的現有財產的減少。例如：甲因土地所有權被徵收，所喪失的土地即是權利損失，而搬遷在土地上的設施，如養殖設施所支出的費用，則是附隨損失。

補償方法以金錢為之。補償金額的估算，以減少的財產為標的，以及以其交易價值為標準。計算補償金額應斟酌適用與有過失原則及損益相抵原則。析言之，若損失的發生或擴大，徵收的對象與有過失時，應減少補償金額或免除補償。若因徵收而獲致某些利益時，則應由補償金額扣除之。

前述徵收與補償的概念是德國法上的制度，且是植基於德國憲法第十四條規定所演繹出來的結果。該基本概念由各種特別行政法予以進一步的具體化，而產生各種不同的徵收及補償的規定。

我國似可繼受前述德國法制上的徵收與補償概念，並依此來規制各種特別行政法中的徵收與補償問題，以及依此來調整現行各種特別行政法中的有關徵收與補償的規定。

目前在我國各種特別行政法中已出現有關徵收及補償的規定，例如：漁業法第二九條規定了定置、區劃及專用漁業權的徵收及補償問題，而第三七條則對於特定漁業權為規制。但這些規定對於補償範圍及方法的問題沒有做較明確的規制，而有瑕疵。

第二項　具財產價值權利準徵收及類似徵收所生的補償義務

所謂具財產價值權利準徵收（以下簡稱準徵收），是指行政主體依法所為的行為，該行為雖非以侵害特定人的具財產價值權利為目的，但卻附帶地引起侵害特定人具財產價值權利的結果。何謂行為，何謂侵害，何謂具財產價值的權利，何謂特定人，參見前文中有關說明，此地不贅。但是，

行為侵害特定人的具財產價值權利，必須是為了公共福祉的需求，並對於特定人形成特別犧牲。有關公共福祉及特別犧牲的概念，參見前文中的相關說明。準徵收的例子，如：行政主體為軍事演習的目的，劃定演習的地區及期間。甲在演習期間中無法進入其在演習區域中的果園，而致不能採收已成熟的水果。甲因軍事演習而致不能行使其對於果園的所有權。

所謂具財產價值權利類似徵收（以下簡稱類似徵收），是指行政主體以違法行為侵害特定人的具財產價值權利。行為是行政主體的公權力行為。行為是以侵害特定人具財產價值權利為目的。行為包括了作為及不作為兩種情形。所謂不作為，是指「有作為義務，而不作為」而言。單純地沒有積極動作，並非不作為。行為並非是依法作成，因此，行為是違法行為。由於行為非依法作成，因此該行為侵害特定人權利的情形，必然是屬於不法。

何謂特定人，何謂具財產價值權利，何謂侵害，參見前文有關說明，此地不再贅述。

類似徵收的行為必須對於類似徵收對象（即：特定人）引起特別犧牲的效果。何謂特別犧牲，參見前文相關說明。類似徵收不具有為公共福祉的特質。因為，兩者互為扞格。公共福祉僅能以依法行為來落實，而不得以違法行為來落實。

類似徵收的例子，如：依漁業法第六四條規定，凡是漁業證照逾期未經核准延展，繼續經營漁業時，應處新臺幣六萬元以上三十萬元以下的罰鍰。若甲未延展其到期的漁業執照並繼續經營漁業，漁政機關處以四十萬元罰鍰，該罰鍰（行政處分）因違反禁止裁量逾越原則，而是違法行為。由於該行為侵害甲的財產權，故該行為形成類似徵收。

若準徵收或類似徵收對於特定人引起財產的損失時，特定人即享有補償請求權。補償義務人是指因準徵收或類似徵收而獲致好處者。補償義務人若非行政主體即是第三人。

補償範圍及方法，參見前文相關說明。

前述準徵收與類似徵收以及補償的概念，是德國法制上的制度，該制

度是習慣法予以規定。而該規定屬於普通法性質。此外，在一些成文法中存有特別規定。特別法規定優先於普通法規定予以適用。

我國法制中是否存在準徵收及類似徵收以及補償的普通法性質的規定，尚待釐清。但在一些特別行政法中，存有一些屬於準徵收性質的規定，例如：

㈠依行政執行法第四一條規定，行政機關實施即時強制，致人民財產遭受特別損失時，行政主體應負補償義務。

㈡依行政程序法第一四五條規定，行政主體機關採取特定措施，致其所簽訂公法契約相對人（人民）增加履行契約負擔或遭受其他損失時，行政主體應負補償義務。

㈢依據行政程序法第一四七條規定，行政主體因情事變更，得要求調整或變更公法契約的內容。但為公共利益需求，行政主體於調整或變更之後，仍得要求公法契約相對人（人民）履行公法契約的內容。若人民因此發生損失，則行政主體應予補償。

㈣依行政程序法第一二○條規定，撤銷授益處分，致行政處分相對人遭受損失時，行政主體應負損失補償義務。

㈤依行政程序法第一二六條規定，廢止授益處分，致行政處分相對人遭受損失時，行政主體應負補償義務。

㈥依國軍軍事勤務致人民傷亡損害補償條例規定，國軍因執行軍事勤務導致人民財物損失時，行政主體應負補償義務。

前述規定，都未對於補償方法及範圍為規制，仍有相當的缺失。我國似可考慮制定有關準徵收及補償的統一性規定，成為普通法。各特別行政法中的準徵收及補償規定，則成為特別法。特別法未規定時，則適用普通法的規定。

第三項　不具財產價值權利徵收所生的補償義務

所謂不具財產價值權利徵收（以下簡稱徵收），是指行政主體為公共福

祉的目的，所為之侵害特定人的不具財產價值權利的行為。行為是公權力行為，且是積極的作為，行為不包括不作為在內。行為是依法作成的。行為包括兩種情形：㈠行為是以侵害特定人不具財產價值權利為目的，㈡行為不是以侵害特定人不具財產價值權利為目的，但卻對該特定人的不具財產價值權利產生侵害的結果。特定人的概念，參見前文的相關說明。

不具財產性質的權利，分公法性質的權利及私法性質的權利，例如：選舉權、生命權、身體權、姓名權等等。侵害指下列情形：消滅權利、限制權利行使或暫停權利的行使。

徵收必須是為公共福祉的目的，而且對於特定人形成特別犧牲。有關公共福祉及特別犧牲的概念，參見前文相關說明。

若徵收對於特定人造成財產損失，則該特定人即享有補償請求權。但若損害的發生是基於特定人的意願（自願）或特定人與有過失時，則特定人不發生補償請求權。

補償僅限於財產的損失。補償範圍限於現存財產的減少，不包括未來可能獲得的財產。補償方法以金錢為之。此外，應適用與有過失原則來確定補償金額。

前述德國法制上的不具財產價值權利徵收及補償制度，是由習慣法予以規制。在我國法制上有否此項制度，則有待釐清。但我國法制中，仍存有一些與不具財產價值權利徵收及補償相關的規定。例如：

㈠依據行政執行法第四一條規定，行政機關實施即時強制，致人民生命或身體遭受特別損失時，行政主體應負補償義務。

㈡依據國軍軍事勤務致人民傷亡損害補償條例的規定，國軍因執行軍事勤務致人民傷亡時，行政主體應負補償義務。

但是，前述規定皆未對於補償範圍及方法為詳細規定，而有缺失。一個可行的方案，是制定一個普通性的規定，該規定把不具財產價值權利徵收及補償問題為統一規定。若特別行政法有特別規定時，則優先適用。

第四項　不具財產價值權利類似徵收所生的補償義務

若行政主體以違法行為侵害特定人不具財產價值權利時，該行為即是不具財產價值權利類似徵收。不具財產價值權利類似徵收的概念與具財產價值權利類似徵收概念相仿，而有關補償的概念亦相仿。

在德國法制上，不具財產價值權利類似徵收及補償的制度是類推適用具財產價值權利類似徵收及補償規定而生的結果。在我國法制上是否存有此項制度存在的可能性，仍待斟酌。

第五項　漁業徵收與補償

前述徵收及補償的概念，應用來闡釋各種有關徵收及補償的規定。現以漁業徵收及補償為例，說明如下。

以前述徵收概念來解釋漁業法第二九條的規定，漁業權徵收的條件應如下：

㈠漁業主管機關變更或廢止漁業權核准或停止漁業權的行使。所謂變更，是指縮小漁業權存在的水域或縮短漁業權存立的期限。「變更」、「廢止」或「停止」之行為，在性質上屬於行政處分。停止雖未喪失漁業權效力，但卻使其暫時不能行使。

㈡前揭漁業主管機關的行為，侵害漁業權人之漁業權，亦即使漁業權失效或效力範圍縮小或暫時不能行使。

㈢前揭侵害漁業權的行為引起漁業權人的損失。此地所謂損失，是指財產方面的損失。

㈣漁業主管機關是為公共利益之目的，為前述的行為。所謂公共利益，例如：國防需要、重大經濟建設、水產資源保育、環境保護、船舶航行與碇泊、水底管線的鋪設、礦藏的探採等。

徵收是漁業補償義務發生的條件。補償義務人基本上是指需要徵收者。若需要徵收者是行政主體本身，則行政主體為補償義務主體。若為私法上主體需要徵收時，則由私法主體任補償義務人。漁業權人，則為補償請求權人。

補償的方法，以金錢為之。補償範圍依兩個原則定之：

(一)**權利損失**

權利損失，是指因漁業權不能行使或受限制行使而致獲利的短少。析言之，因不能從事漁業經營活動，而致預期可以獲得的收入不能獲得。

(二)**附隨損失**

附隨損失，是指除了權利損失以外的其他損失。此種損失應視情況而定，例如：

　1.漁業權人因轉業所生的費用。

　2.漁業權人因解僱勞工所支出的資遣費。

　3.因拆除及搬遷漁場工作物及養殖物所生的費用。

此地所述漁業補償的權利損失與附隨損失，顯然異於前述一般徵收補償之權利損失與附隨損失的概念。但此乃基於漁業經營的特殊性質，所生的結果。漁業補償實是前述補償概念的特殊情形。

今舉一例來說明漁業徵收與補償。甲在基隆外海享有定置漁業權，此漁業權存立期間為民國一○○年一月一日至民國一○四年一月一日。基隆港港務局計畫擴大基隆港港區範圍，而擴大的港區範圍將涵蓋甲之定置漁業權所在的海域。基隆港港務局為了達到擴大基隆港港區範圍的目的，遂向基隆市政府申請終止甲之定置漁業權。基隆市政府依據漁業法第二九條向甲為一項決定：甲之定置漁業權自民國一○二年一月一日起喪失效力。

甲在民國一○二年一月一日至民國一○四年一月一日間，因不能行使定置漁業權而沒有漁獲，進而沒有收益。此外，甲因定置漁業權喪失效力，而必須拆除及搬遷海上工作物而支出各種相關費用。甲也因為不能行使定置漁業權，而解僱勞工並支出資遣費。

基隆市政府因公共利益的需求（擴大港區範圍而有利於基隆港的營

運），而為終止甲之定置漁業權的決定。此項決定為行政處分，它徵收了甲的定置漁業權。甲因定置漁業權被徵收而生的收益短少及支出的費用則是損失，徵收使甲產生補償請求權。但補償義務人則是基隆港港務局而非基隆市政府，因為需要徵收者是基隆港港務局而非基隆市政府。

補償方法為金錢給付。補償範圍則是甲的收益短少（權利損失）及支出的費用（附隨損失）。

第 10 章

公務員

第一節　概　說

　　行政主體經由其機關而為行為。惟機關乃是由多數職位所形成的「靜態的」概念。機關必須進一步仰靠個人，來執行各個職位之職權。在職位上為行為者，稱之為機關人員。機關人員為執行職權所為的行為，僅具內部意義。他們的行為僅是機關內部的行為。而這些行為相互結合，有時形成機關的意思，有時則促成機關向外為行為。有些職位對外得代表機關。因此這些職位上的機關人員所為的行為即歸屬於機關，亦即成為機關的行為。

　　個人成為機關人員，必須經由任命或其他法律上的行為。機關人員因其特殊身分，而與其所服務的行政主體間發生特別的法律關係。

　　機關人員是一個概括的概念，它可涵蓋較小的概念，例如：公職人員及公務員。而公務員涵蓋的範圍，較公職人員為小。本章將針對公職人員意義、公務員意義及類別、公務員關係的發生、變更及消滅、公務員關係的內容、公務員的懲戒責任及公務員賠償責任為說明。

第二節　公職人員與公務員的意義

　　大法官會議曾對憲法第十八條提出下列見解：「憲法第十八條所稱之公職，涵義甚廣，凡各級民意代表、中央與地方機關之公務員及其他依法令從事於公務者皆屬之。」（司法院大法官會議釋字第四二號）該解釋的核心想法應是：凡依法從事公務者，皆是公職人員，而不問從事公務者是否在行政主體的機關中佔有職位。基此，凡在行政主體機關中佔有職位之人員（如：民意代表、監察委員、軍事人員、行政機關人員、司法人員）或不佔有職位之人員（如：受託人、行政助手、榮譽領事），只要是依法從事公務皆是公職人員。

在早期的學說中，常把我國法制中的不同公務員意義歸類為：最廣義的公務員、廣義的公務員及狹義的公務員。此種作法並沒有多大意義，反而會引起誤會，以為在我國法制中有一套放諸四海而皆準的公務員意義及分類。每一套涉及公務員的規定，皆有其自身的立法目的。基於不同的立法目的，各套規定會自行界定其所用公務員一詞的意義。

為本章的需要，仍宜界定一個公務員的意義，作為進一步說明的出發點。界定公務員意義，可以把學者的見解作為出發點。大部分學者都認為公務員是指由國家選任而對國家負有忠誠及服無定量勤務之義務者。此項公務員意義，未盡完善。首先，「國家」一詞過於狹窄，而宜改為「行政主體」。其次，「負有忠誠及服無定量勤務之義務」的觀念，顯然是植基於早期所謂的「特別權力關係」。現在的公務員是向行政主體提供服務，而此種服務關係是一種法律關係。在公務員的服務關係中，公務員與行政主體相互間存有各種權利及義務。公務員服務關係的一個特質是：公務員負有忠誠的義務。公務員是由行政主體依法定條件及法定程序予以選任。綜合以上所述，公務員意義似可界定如下：所謂公務員，是指由行政主體選任而與行政主體間有服務關係並向行政主體負有忠誠義務之人。

行政主體選任公務員的先決條件是：要有職缺。因此行政主體所選任的公務員必然佔有一個職位。公務員的概念顯然涵蓋於公職人員概念之中。

第三節　公務員的類別

在下文中，將列舉規定及學說中所常見的一些關於公務員的術語，並說明其意義。

簡任、薦任及委任係公務人員任用法上所區別的官等。具有各該官等之公職人員，分別稱之為簡任官、薦任官與委任官。簡任官與薦任官由總統任命，委任官則由機關首長任命。

通說認為，有政策之決定權者，謂之政務官。依既定之政策而為執行

者，謂之事務官。

政務官之任用，無一定資格限制，事務官則應具備法定的任用條件。政務官之退職，依政策之成敗而定，事務官則有法定之退職原因。政務官不適用一般之俸給考績規定，事務官則反之。事務官適用公務員懲戒法上所有九種懲戒處分，包含：一、免除職務。二、撤職。三、剝奪、減少退休（職、伍）金。四、休職。五、降級。六、減俸。七、罰款。八、記過。九、申誡。而政務官則不適用休職、降級及記過。

從事軍務之人員，謂之武官。從事文職之人員，謂之文官。

因有權機關之任命而進用之人員，謂之任用人員。各機關因應業務需要，以行政契約聘任之專業或技術人員，謂之聘用人員。為因應臨時機關或臨時專任職位之需要，所設置之人員，謂之派用人員。

公務員因服務主體的不同，而可以分別為：國家公務員、地方自治團體公務員、行政法人公務員及農田水利會公務員。

第四節　公務員關係的發生

第一項　任命的條件

個人欲成為公務員應經過任命或其他法定的方法。任命並非漫無限制，得對任何人為之，而僅能在特定條件下為之。此種條件分為：客觀條件與主觀條件。所謂主觀條件，是指存在於欲被任命為公務員者身上之條件。所謂客觀條件，是指存在於欲被任命為公務員者之外的條件。

客觀條件如下：

㈠須有特定的職位存在。

㈡職位須是懸缺。

主觀條件如下：

㈠具中華民國國籍。但是，國籍法第十條規定，外國人或無國籍人歸化者，不得任下列各類公職：

1. 總統、副總統。
2. 立法委員。
3. 五院院長及副院長、政務委員、大法官、考試委員、監察委員、審計長。
4. 特任及特派之人員。
5. 政務次長。
6. 特命全權大使、特命全權公使。
7. 蒙藏委員會副委員長及委員、僑務委員會副委員長。
8. 其他比照簡任第十三職等以上職務之人員。
9. 陸海空軍將官。
10. 民選地方公職人員。

㈡依法考試及格，或依法銓敘合格，或依法考績升等。

㈢具有優良品行及對憲政體制的忠誠意識。

㈣具有擔任有關職位之相當學識、才能、經驗與體格。

㈤未具監察委員身分、立法委員身分及地方民意代表身分。

㈥未具任何機關現職人員身分。

㈦未具命令退休人員身分。

㈧未具應行迴避身分。擬任人員不得是擬任機關主管的配偶或三親等以內血親或姻親。擬任主管不得是擬任機關之直接上級機關主管之配偶或三親等以內之血親或姻親。

㈨未具有下列情形之一：

1. 未具或喪失中華民國國籍。
2. 兼具外國國籍（雙重國籍）。
3. 動員戡亂時期終止後，曾犯內亂罪、外患罪，經判決確定，或通緝有案尚未結案。
4. 曾服公務有貪污行為，經判決確定，或通緝有案尚未結案。

5.犯前述 3. 及 4.以外之罪，判處有期徒刑以上之刑確定，尚未執行或執行未完畢。但受緩刑宣告者，不在此限。

6.依法停止任用或受休職處分尚未期滿，或因案停止職務，其原因尚未消滅。

7.褫奪公權尚未復權。

8.受監護或輔助宣告，尚未撤銷。

9.經合格醫師證明有精神病。

第二項　任命的意義與生效

個人符合前揭條件，得經由任命而成為公務員。任命具有下列兩重意義：

㈠賦予個人公務員身分之行為，亦即：建立公務員關係之行為。

㈡賦予初任職位之行為。

此外，「任命」一詞亦用來指下列兩種行為：

㈠賦予新職位之行為。

㈡變更公務員關係——亦即：改變公務員關係——的行為。例如：將試用人員任命為正式人員。

任命權者，應依法確定。例如：依公務人員任用法第二五條規定，初任簡任各職等職務之人員，及初任薦任公務員，應由總統任命。初任委任公務員，由各機關主管任命。

任命應以書面為之，且其內容記載應符合法定要求。任命應經受任命人同意，始發生效力。故任命書應交付於受任命人。任命自交付日發生效力。但任命書面亦得明定較晚之日，為生效日。若任命書面所定的生效日早於交付日，則以交付日為生效日。

第三項　任命的瑕疵

任命不符合前揭第一項及第二項所述的各項要求，或有其他不良原因

時，即為有瑕疵的任命。有瑕疵之任命，若非無效即應予撤銷。

有下列各種瑕疵的任命為無效：

㈠任命非出自有任命權者。

㈡任命未具書面，或書面之內容記載不合法定要求。

㈢任命之書面未交付於受任命人。

㈣受任命人不同意任命。

㈤受任命人於任命時非中華民國國籍者。若受任命人於任命後取得中華民國國籍，任命仍屬無效。任命時具有中華民國國籍，但於任命後喪失中華民國國籍，任命仍有效，但應解除公務員身分。

㈥受任命人於任命時已受監護或輔助宣告或已被褫奪公權。但若受任命人於任命之後，始受監護或輔助宣告，則於判決確定時喪失公務員身分，若受褫奪公權宣告，則應予停職。

㈦公務員任命之客觀條件不存在。

有下列各種瑕疵的任命應予撤銷：

㈠因受脅迫、詐欺或賄賂而為之任命。

㈡受任命人因受脅迫、詐欺或因錯誤而同意任命。

㈢不合前揭主觀條件之㈡、㈢、㈣、㈤、㈥、㈦、㈧以及㈨。

撤銷使任命溯及既往喪失效力。

無效與撤銷發生如下效果：

一、對內方面

受任命人之上級長官，應命其停止執行職務。受任命人應繳回其所受之薪俸。

保持機密的義務，對於任命無效或被撤銷任命之受任命人，是否存在？若斟酌任命無效或已被撤銷一點，則必須認為在受任命人與行政主體之間應無「公務員關係」存在，亦即：在受任命人與行政主體間，不存有公務員與行政主體依法應存有之權利及義務。基此，則前揭問題的答案應屬否定。但是，此種結論顯然並不理想。因此，存在於公務員與行政主體間之

權利義務——宜視需要——繼續存在於任命無效或被撤銷任命之受任命人與行政主體之間。為達此項目的,應將適用於公務員與行政主體間之規定——選擇地——類推適用於無效任命或被撤銷任命之受任命人與行政主體之間,例如:公務員懲戒法以及公務員服務法上之公務員保持秘密的義務。此種基於類推適用而發生之法律關係,謂之「事實上公法服務關係」。

二、對外方面

基於法安定性原則及信賴保護原則,撤銷任命前所為之各種行為,仍視為有效的行為。但若任命無效,受任命人所為之行為是否有效,端視任命之無效是否得被第三人識別以為定。若任命之無效,得被第三人識別,則受任命人所為之行為不發生效力;反之,則發生效力。

第五節　公務員關係的內容

第一項　公務員的義務

經由任命使個人成為公務員,並基此而使有關個人(即:公務員)對於行政主體承擔特定義務及享有特定權利。此項權利義務,形成所謂的公務員關係。

一般公務員都有下列各項義務:

一、執行職務的義務

公務員必須親自執行職務。公務員應依法或依指示或依裁量執行職務。執行職務應力求公正、切實,不可遇難畏縮規避,互相推諉或無故稽延。

公務員辦公應依法定時間,不得遲到或早退。若因特別任務必須遲到早退,應經上級公務員許可。公務員不能於法定辦公時間內辦公時,必須

請假。請假應具正當理由，例如：結婚、喪事、疾病、分娩等等。公務員奉派出差，至遲應於一星期內出發，但有特殊理由得延期。

公務員未得上級公務員許可，不得擅離職守。出差期中亦然。因此，公務員在出差期中，不得私自回籍或前往其他地方逗留。

二、忠誠的義務

所謂忠誠，是指公務員不得為與憲法秩序相違背之行為。

三、服從命令的義務

上級公務員在其監督指揮範圍內所為之命令，下級公務員有服從之義務。此地所謂命令，即指示。

若上級公務員之命令違法，則下級公務員是否應予遵守？公務員服務法第二條規定：「屬官對於長官所發命令，如有意見，得隨時陳述。」若就字面來看，下級公務員對於違法的命令，僅能陳述意見，而不能拒絕遵守。此種結果，則與刑法第二一條第二項規定顯然扞格不入。刑法第二一條第二項規定：「依所屬上級公務員命令之職務上行為，不罰。但明知命令違法者，不在此限。」顯見，若明知上級公務員命令違法，不應予以遵守，否則應負刑事責任。

但是公務人員保障法第十七條規定，公務人員對於長官監督範圍內所發之命令有服從義務，如認為該命令違法，應負報告之義務；該管長官認其命令並未違法，而以書面下達時，公務人員即應服從，其因此所生之責任，由該長官負之。上揭情形，該管長官非以書面下達命令者，公務人員得請求其以書面為之，該管長官拒絕時，視為撤回其命令。但命令有違反刑事法律者，公務人員無服從義務。前揭公務人員保障法第十七條之規定，似已調和公務員服務法第二條與刑法第二一條第二項之間之衝突。

兩個上級公務員所發的命令互相矛盾時，應以較高階級公務員之命令為準。主管上級公務員與兼管上級公務員所發命令互相牴觸時，以主管上級公務員的命令為準。

四、保持秘密的義務

因公務員身分而獲知之公務上機密，不得洩露。公務員不得擅自以個人名義或機關名義，任意公開發表與其所任職務有關的談話。但是，經過上級公務員許可者，則不在此限。前揭義務於公務員離職後，仍繼續存在。

五、保管文書財物的義務

公務員因職務關係而保管文書與財物時，應盡善良保管之責。同時不得將文書財物毀損、變換、私用或借與他人使用。

六、迴避的義務

公務員於執行職務時，若遇與其本人或其家族有利害關係之事件，應行迴避而不得處理有關事件。

七、不得薦說的義務

公務員對於其下級公務員不得推薦人員，亦不得就其主管事項為關說或請託。

八、保持品格的義務

公務員應保持誠實清廉，謹慎勤勉以及自身名譽。因此，公務員不得有驕恣貪惰、奢侈放蕩及冶遊賭博、吸食煙毒等不良行為。

九、不收受不當利益的義務

有隸屬關係的公務員之間，不論是基於職務上的理由或非職務上的理由，皆不得互收贈與。

公務員對於所辦事件，不得接受贈與。

公務員不得利用視察或調查的機會，接受招待或贈與。

公務員不得自下列人等收受不正利益：

㈠承辦公務員所屬機關或其隸屬機關之工程者。

㈡經營公務員所屬機關或其所屬事業之款項往來之金融機構。

㈢承辦公務員所屬機關或其所屬事業之公用物品之商號。

㈣接受公務員所屬機關或其隸屬機關之補助者。

所謂不正利益，包括餽贈、私相借貸或訂定互利契約。

十、不得兼職的義務

公務員除本職外，不得兼任他項公職或業務。此地所謂之「業務」，包括範圍甚廣，「祇須其工作與本職之性質或尊嚴有妨礙者，無論是否為通常或習慣上所稱之業務，均應認為該條精神之所不許。」（司法院釋字第七一號）新聞紙類及雜誌發行人、編輯人、社長、經理、記者及其他職員，以及私立學校董事長或董事等固然為此地所稱業務，街頭販售或夜間在酒廊任服務生等亦為此地所稱之業務。

若依法得兼職時，不得兼薪及兼領公費，換言之：僅能支領本職之薪給及公費，但本職無公費而兼職有公費者，得支領兼職之公費（司法院釋字第六九號）。

公務員非依法不得兼公營事業或公司代表官股之董事或監察人。公務員兼任非以營利為目的之事業或團體之職務，受有報酬，或兼任教師或研究工作，應經服務機關許可，機關首長則應經上級主管機關許可。

十一、不得為營利事業的義務

公務員不得經營商業或投機事業。但是，公務員得投資於非屬其服務機關所監督之農、工、礦、交通或新聞出版事業，為股份有限公司或有限公司之非執行業務股東，或兩合公司及無限公司之有限責任股東，惟其所持有股份總額不得超過其所投資公司股本總額之百分之十。

十二、競業禁止的義務

公務員在離職後三年內，不得擔任與離職前五年內所任職務相關之營

利事業的董事、監察人、經理、執行業務股東或顧問。

十三、申報財產的義務

公務員應將本人及其配偶與未成年子女之財產向受理申報機關為申報。

十四、行政中立義務

公務員執行職務，應嚴守中立，特別是：

㈠不得對於任何團體或個人給予差別待遇。

㈡不得利用職務上之權力、機會或方法，使他人加入或不加入政黨或政治團體，或使他人參與或不參與政黨或政治團體所辦之選舉活動。

㈢不得利用職務上之權力、機會或方法，為政黨、政治團體或擬參選人為要求、期約或收受各種利益之捐助，或阻止或妨礙他人為特定政黨、政治團體或擬參選人之依法募款活動。

㈣不得因為支持或反對特定政黨、政治團體或公職候選人，而從事下列事項：

　1.動用行政資源，製作宣傳品及辦理宣傳活動。

　2.在辦公場所以各種方法展示政黨、政治團體或公職候選人之旗幟、徽章或服飾。

　3.主持集會、發起遊行或領導連署活動。

　4.在大眾傳播媒體具銜或具名廣告。

　5.對職務相關人員或職務對象為指示。

　6.公開為公職候選人站台、遊行或拜票。

　7.考試院會同行政院所命令禁止的行為。

㈤不得利用職務上之權力、機會或方法，要求他人不行使投票權或為一定之行使。

第二項　公務員的權利

公務員之權利，重要者如下：

一、俸給權

所謂俸給權，是指公務員有向行政主體請求給付俸給的權利。俸給之性質，並非公務員之工作報酬，而是維持生活之資，此即所謂的膳養原則。基此，除本職之外兼任其他公職的公務員，不得再領取第二份薪俸。超時工作，亦不得領取特別給付。

俸給之目的，在於使公務員能全心投入工作，毫無顧慮地執行其職務。因此，薪俸不僅是在維持公務員最低的生活水準，而應能提供公務員某種程度的生活享受。薪俸必須隨社會生活水準的改變，為適當的調整。偏低的薪俸，又期望公務員廉能，無異緣木求魚。

若新的薪俸計算標準溯及既往發生效力，而致發生溢付情形時，溢付部分不必交還於行政主體。反之，基於其他原因而發生的溢付，如：作業錯誤、適用條文錯誤等，則應將溢付部分歸還行政主體。歸還的理由是：公法上的不當得利。

各種公務員之俸給，依有關之規定而為決定。簡薦委公務員之俸給，分本俸、年功俸及加給。加給則分職務加給、技術或專業加給、地域加給。簡薦委公務員之俸給由銓敘機關依公務人員俸給法定之。俸給之變更有二：晉敘與降敘。晉敘依公務人員考績法規定為之。降敘則依公務員懲戒法及其他規定為之。

二、福利權

所謂福利權是指，公務員得要求行政主體照顧其本人及其眷屬之福祉，以及提供保護之權利。換言之：行政主體有義務採取各種措施，來促進公務員及其眷屬之福祉，以及提供保護，例如：保護公務員生命、健康及身

體之安全，保護公務員及其眷屬之財產，保護公務員免於遭受其上級公務員不利之行為，公務員退職應有法定原因及經過法定程序，給予公務員適當的升遷機會，給予公務員享有一定期間的休假，向公務員提供資訊服務或訓練及教育機會，協助因公涉訟公務員聘請律師，公務員眷屬有請領撫卹金權，公務員有受領保險金權，公務員享有退休金權。

前述之撫卹金請求權、保險金請求權及退休金請求權分述如下：

1.撫卹金權

撫卹金請求權的主體是公務員的遺族。撫卹金請求權發生的條件是：公務員病故或意外死亡，或因公死亡。因公死亡是指：因冒險犯難或戰地殉職，因執行職務發生危險而致死亡，因公差遇險或罹病而致死亡，於執行職務、公差或辦公場所猝發疾病以致死亡，戮力職務積勞過度以致死亡，因辦公往返猝發疾病、發生意外或危險以致死亡。撫卹金得按年給付或一次給付。撫卹金請求權人，除未再婚之配偶外，依下列順序定之：

⑴子女。

⑵父母。

⑶祖父母。

⑷兄弟姊妹。

撫卹金由未再婚之配偶取得二分之一，其餘則由其他撫卹金請求權人取得或平均受領。

2.保險金權

公務員必須向臺灣銀行公教保險部以殘廢、養老、死亡、育嬰、留職停薪及眷屬喪葬為保險事故，辦理保險（強制保險）。發生保險事故，公務員得受領保險金。

3.退休金權

公務員任職滿五年以上且年滿六十歲或任職滿二十五年,得自願退休。公務員任職滿五年以上且年滿六十五歲，或心神喪失或身體殘廢不堪任職時，得命令退休。退休金得以下列方式之一給付：

⑴一次退休金。

⑵月退休金。

⑶二分之一的一次退休金與二分之一的月退休金。

⑷三分之一的一次退休金與三分之二的月退休金。

⑸四分之一的一次退休金與四分之三的月退休金。

受領月退休金或兼領月退休金之公務員死亡，應核算及發給遺族一次撫慰金。

三、人事資料檢視權

公務員對於其個人之人事資料有要求檢視的權利。但若因檢視自己人事資料，而有了解其他公務員之人事資料之虞時，公務員不得檢視其個人人事資料。但若有下列兩種原因之一，公務員仍得檢視其個人人事資料：

㈠經其他公務員同意。

㈡本人（公務員）獲知其個人人事資料之利益，高於他人（公務員）保持其個人人事資料之利益。

若人事資料中記載不實，公務員得要求更正。若遭拒絕更正，則得要求毀去有關之人事資料部分。若人事資料中記載非屬人事資料中應記載之事項時，得要求剔除之。公務員應依法定方法及於法定處所親自檢視個人人事資料。在例外情形中，亦得委託他人檢視。

四、公物公款使用權

公務員因執行職務，得使用公物及支用公款。因執行職務而代墊之款項，得請求償還。

五、服務證明請求權

公務員在職期間或離職後，得請求簽發服務證明文件。

六、結社權

公務員在職期間，得組織及加入代表公務員利益之團體。

　　除前述者外，公務員仍享有憲法上所揭示的基本權利。但是，公務員所享的基本權利，得經由法律（形式意義）予以限制。惟法律（形式意義）所設的限制，不得逾越維持公務員關係及達成公務員關係存立之目的所必要的範圍。

　　公務員所享憲法上基本權利的限制，例如：

　　㈠公務員不得利用宣導工作，公然宣揚宗教教義（宗教信仰自由之限制）。

　　㈡公務員不得於辦公處所，懸掛個人政治信仰之口號，亦不得於辦公處所，為政治宣傳活動（意見表達自由之限制）。

　　㈢公務員於辦公時間外所為的政治活動，不得違背其忠誠義務（意見表達自由之限制）。

　　㈣公務員不得參與有違忠誠義務之集會或結社（集會結社自由之限制）。

　　㈤公務員不得罷工（集會自由之限制）。

第六節　公務員的懲戒責任

第一項　懲戒的原因與對象

　　公務員違反義務，應予懲戒。此種責任，謂之公務員之懲戒責任。依公務員懲戒法第二條的規定，違反義務的行為，包括下列各種：

　　㈠違法行為、怠於執行職務或其他失職行為。

　　㈡非執行職務之違法行為，致嚴重損害政府之信譽。

　　懲戒的對象是公務員。所謂公務員，基本上是指經任命之公職人員。因此，「考試及格人員尚未完成分發程序，或已經分發尚未任用，或於應考前任公務員，因參加考試而卸職者，均不能認為是懲戒法上公務員」（司法院解釋第二九三一號）。而各級民意代表，亦非此地所謂公務員（司法院解

釋第三六二六號）。但是，試用人員及無效任命或撤銷任命之受任命人則包括在內（司法院解釋第一七七八號）。雇員（司法院解釋第一〇一二號，第一八六九號）及武職人員，則不包括在此地所謂公務員之內。

第二項　懲戒的方法

懲戒的方法有下列各種：

㈠**免除職務**：免其現職，並不得再任用為公務員。

㈡**撤職**：除去公務員身分及現職，並禁止其於一定期間內受任命。此項期間，為一年以上、五年以下。

㈢**剝奪、減少退休（職、伍）金**：剝奪或減少受懲戒人離職前所有任職年資所計給之退休（職、伍）或其他離職給與；其已支領者，並應追回之。

㈣**休職**：保留公務員身分，但除去現職，停發薪給，且不得申請退休、退伍或在其他機關任職。休職期間為六個月以上、三年以下。休職期滿得復職。但自復職之日起二年內，不得晉敘、升職或調任主管職務。

㈤**降級**：就現職之俸給降一級或二級。自改敘之日起，二年內不得晉敘，升職或調任主管職務。若無職等可降，則按每級差額，減月俸。減俸期間為二年。

㈥**減俸**：依現職月俸，減百分之十或二十支給。減俸期間為六個月以上，三年以下。自減俸之日起，一年內不得晉敘、升職或調任主管職務。

㈦**罰款**：其金額為新臺幣一萬元以上、一百萬元以下。

㈧**記過**：登記過失。自記過之日起，一年內不得晉敘、升職或調任主管職務。一年內記過三次，則應依其現職之俸級降一級改敘。無級可降，則按每級差額，減月俸。減俸期間為二年。

㈨**申誡**：申斥告誡。申誡應以書面為之。

上揭㈣、㈤及㈧之懲戒方法，不適用於政務官。

決定採用何種懲戒方法時，應審酌一切情狀，尤應注意下列事項：

㈠行為的動機。

㈡行為的目的。

㈢行為時所受的刺激。

㈣行為的手段。

㈤行為人的生活狀況。

㈥行為人的品行。

㈦行為人違反義務之程度。

㈧行為所生的損害或影響。

㈨行為後的態度。

第三項　懲戒程序

懲戒程序如下：

㈠各院部會長官、地方最高行政長官或其他相當之主管長官認為所屬公務員有應懲戒之原因時，應備文聲敍事由，連同證據送請監察院審查，但對於所屬九職等或相當於九職等以下的公務員，則逕送公務員懲戒委員會審理。逕送審理時，應提出移送書，記載被付懲戒人姓名、職級、違法或失職事由及證據，連同有關卷證，一併移送。此外，應按被移送人之人數，檢附移送書之繕本。

若受移送審查之監察院認為受移送之公務員確有應受懲戒之原因時，應將有關公務員再移送公務員懲戒委員會。

除依前揭程序移送外，尚得由監察院依其彈劾權，主動提起彈劾案，連同證據，將應受懲戒之公務員移送於公務員懲戒委員會。

㈡公務員懲戒委員會應就移送之懲戒案為審理。公務員懲戒委員會合議庭審理案件，應依職權自行調查，但得囑託法院或其他機關為調查。受託法院或機關應將調查情形以書面答覆，並應附具調查筆錄及相關資料。公務員懲戒委員會合議庭必要時得向有關機關調閱卷宗，並得請其為必要之說明。公務員懲戒委員會合議庭審理案件，均不公開。但公務員懲戒委

員會合議庭認有公開之必要或被付懲戒人聲請公開並經許可者,不在此限。

公務員懲戒委員會應將移送書繕本送達於被付懲戒人,並命其於十日內提出答辯書。但應為免議或不受理之判決者,不在此限。言詞辯論期日,距移送書之送達,至少應有十日為就審期間。但有急迫情形時,不在此限。移送機關、被付懲戒人、代理人及辯護人,得聲請閱覽、抄錄、影印或攝影卷證。

公務員懲戒委員會合議庭應本於言詞辯論而為判決。但被付懲戒人不提出申辯書或不於指定期日到場時,公務員懲戒委員會仍得為判決。

㈢若公務員懲戒委員會發現有應受懲戒的原因時,應作成懲戒處分之判決。反之,若公務員懲戒委員會發現應受懲戒之原因不存在時,則應作成不受懲戒之判決。

判決書正本應於十日內送達移送機關、被付懲戒人、代理人及辯護人,並通知銓敘部及該管主管機關。移送機關為監察院者,應一併送達被付懲戒人之主管機關。

㈣主管長官應將判決書送登公報或以其他適當方式公開之。主管長官於收受懲戒處分之判決書後,應即為執行。被付懲戒之公務員縱已去職,仍得予以處分,其受降級或減俸處分者,應於再任官職時,就所任職務之級俸執行。

有下列情形之一時,公務員懲戒委員會應為免議之判決:

㈠同一行為已受公務員懲戒委員會之判決確定。

㈡被付懲戒人已受褫奪公權之宣告確定,而無再予處分之必要。

㈢自違法失職行為終了之日起,至移送公務員懲戒委員會之日止,已逾懲戒處分行使期間(十年、五年)。

有下列情形之一時,公務員懲戒委員會應為不受理之判決:

㈠移送程序或程式違背規定。

㈡被付懲戒人死亡。

㈢案件經撤回者,同一移送機關再行移送同一案件。

懲戒案判決後,如有下列情形,則得提起再審之訴:

㈠適用法規顯有錯誤。

㈡判決合議庭之組織不合法。

㈢依法律或裁定應迴避之委員參與裁判。

㈣參與裁判之委員關於該訴訟違背職務，犯刑事上之罪已經證明，或關於該訴訟違背職務受懲戒處分，足以影響原判決。

㈤原判決所憑之證言、鑑定、通譯或證物經確定判決，證明其為虛偽或偽造、變造。

㈥同一行為其後經不起訴處分確定，或為判決基礎之刑事判決，依其後之確定裁判已變更。

㈦發現確實的新證據，足認應變更原判決。

㈧足以影響原判決之重要證據，漏未斟酌。

㈨確定判決所適用之法律或命令，經司法院大法官解釋為牴觸憲法。

依前揭㈠、㈡、㈢及㈧原因，提起再審之訴者，應自判決書送達之日起三十日內為之。依前揭㈣至㈥原因，提起再審之訴者，應自相關刑事確定裁判送達受判決人之日起三十日內為之。依前揭㈦原因，提起再審之訴者，則應自發現新證據之日起三十日內為之。依前揭㈨原因，應自解釋公布之翌日起三十日內。

原移送機關或受懲戒處分人，得提起再審之訴。再審之訴，應以訴狀表明下列各款事項，並添具確定判決繕本，提出於公務員懲戒委員會為之：一、當事人。二、聲明不服之判決及提起再審之訴之陳述。三、再審理由及關於再審理由並遵守不變期間之證據。

公務員懲戒委員會合議庭認為再審之訴不合法者，應以裁定駁回之。若認為合法，則公務員懲戒委員會應將書狀繕本及附件，函送原移送機關或受判決人，並命其於指定期間內提出意見書或答辯書。原移送機關或受判決人無正當理由，逾期未提出意見書或答辯書者，公務員懲戒委員會合議庭得逕為裁判。

公務員懲戒委員會認為再審議之訴無理由者，應以判決駁回；反之，若認為有理由，則應撤銷原判決，更為判決。

再審再審之訴，經撤回或判決者，不得更以同一事由提起再審之訴。提起再審之訴，無停止懲戒處分執行的效力。

第四項　懲戒處分與刑事裁判的關係

基本上，懲戒處分與刑事裁判兩者，互不影響。因此，懲戒審理程序與刑事偵查與審判程序兩者得同時進行。但若懲戒處分，以犯罪是否成立為斷，且公務員懲戒委員會合議庭認為有必要時，得裁定於第一審刑事判決前，停止審理程序。惟此項裁定得依聲請或依職權撤銷。其次，懲戒程序之結果與刑事程序之結果，亦互不影響。基此，同一行為已受刑罰或行政罰之處罰者，仍得予以懲戒。反之，同一行為已為不起訴處分或免訴或無罪之宣告時，仍得為懲戒處分。受免刑或受刑之宣告而未褫奪公權時，亦仍得為懲戒處分。至於受褫奪公權之宣告確定，認已無受懲戒處分之必要者，應為免議之判決。

第七節　公務員的賠償責任

民法第一八六條規定：「公務員因故意違背對於第三人應執行之職務，致第三人受損害者，負賠償責任。其因過失者，以被害人不能依他項方法受賠償時為限，負其責任。前項情形，如被害人得依法律上之救濟方法，除去其損害，而因故意或過失不為之者，公務員不負賠償責任。」依據此條規定，公務員對於第三人之損害賠償責任的條件為：

㈠須為公務員：所謂公務員，是指任何執行公務者而言。基此，公務員不僅是指經正式任命或基於行政契約而生的公務員，同時也包括受託人在內。

㈡公務員在公法領域中為行為。

㈢公務員違背職務上義務：此地所謂之義務，是指公務員對於所屬行

政主體之義務，而非對於第三人之義務。因為，作為機關人員之公務員只有對於其所屬之行政主體，有職務上義務，而不可能對於第三人有職務上之義務。對於第三人之義務，僅可能屬於行政主體，而不可能屬於行政主體所屬的公務員。其次，前揭職務上義務，必須是為第三人之利益而設，或者兼為第三人利益而設。

㈣行為侵害第三人權利：此項權利之侵害，引起損害之發生。

㈤公務員有故意及過失。

惟前揭民法第一八六條也揭示責任免除及減輕事由，即：與有過失原則。析言之：被害人故意或過失，未依法律上之救濟方法，避免損害發生，防阻損害擴大或除去損害，則公務員不負賠償責任或對於擴大之損害不負損害賠償責任。

同一公務員行為，不但引起民法第一八六條之公務員賠償責任，也可能同時引起國家賠償法上國家賠償責任。質言之：公務員賠償責任與國家賠償責任併存。那麼，公務員賠償責任與國家賠償責任的關係如何？民法第一八六條規定：公務員因過失而對第三人負賠償責任，以第三人不能依他項方法受賠償者為限。依此項補充條款之規定，受害之第三人僅能依國家賠償法向有關之行政主體請求賠償，而不能依民法第一八六條向公務員請求賠償。但在公務員因故意而對第三人負賠償責任與國家賠償責任併存的情形中，受害人得自由選擇其一，以獲得賠償。惟受害人已自行政主體及公務員之一方獲得賠償，則不得再向另一方請求賠償。

公務員除了依民法第一八六條規定，對於第三人負損害賠償責任之外，尚對行政主體負損害賠償責任。此種損害賠償責任，有下列各種情形：

㈠公務員於執行職務時，違反其對於行政主體之義務，致行政主體遭受損害，則應對行政主體負損害賠償責任。惟目前法制對於此種責任，似乎尚乏規定。

㈡公務員於執行職務行使公權力時，因故意或重大過失不法侵害人民自由或權利，致行政主體對受害人負賠償責任（國家賠償責任）而遭受損失時，應依國家賠償法對行政主體負損害賠償責任。此即所謂的「國家求

償權」。

㈢公務員之非執行職務之行為，亦即以個人身分所為的行為，致行政主體遭受損害時，應對行政主體依民法有關規定負損害賠償責任。

第八節　公務員關係中的變動

所謂公務員關係中的變動，是指公務員身分並未喪失但職位已經發生變動或喪失職位，或職位未發生變動但不得執行職務。前者包括：調任、調借、調職、待命、休職；後者則指停職。

所謂調任是指，除去原機關之職位，而賦予他機關之職位。此地所謂他機關，兼指同一行政主體之機關及他行政主體之機關。

所謂調借是指，暫時賦予他機關之職位，惟未喪失原機關之職位，僅暫時不得執行職務。

所謂調職是指，剝奪原職位，同時賦予本機關中其他職位。

所謂待命是指，除去現職，而暫時等待受賦新職。

所謂休職是指，除去現行職位，停發俸（薪）給，同時在特定期間中不得申請退休、退伍或任其他職位。此為公務員懲戒方法之一。

所謂停職是指，未除去職位，但暫時停止執行職務。停職之情形，有下列各種：

㈠依公務員懲戒法第四條之規定，公務員有下列情形之一，當然停職：

1. 依刑事訴訟程序被通緝或羈押。

2. 依刑事確定判決，受褫奪公權之宣告。

3. 依刑事確定判決，受徒刑之宣告，在監所執行中。

㈡依公務員懲戒法第五條規定：

1. 公務員懲戒委員會合議庭對於移送之懲戒案件，認為情節重大，有先行停止被付懲戒人職務之必要時，得通知其主管機關，先行停止其職務。

2. 主管機關對於移送監察院審查或公務員懲戒委員會審理之懲戒案，認為有免除職務、撤職或休職等情節重大之虞者，亦得先行停止被付懲戒人執行職務。

㈢監察院行使糾舉權，被糾舉人之主管長官，亦得將被糾舉人停職。

㈣公務員因民事案件被管收，應停止執行職務。

㈤公務員因進修、考察、生病等原因，得申請停職。

停職期間之公務員所為職務上行為，是否發生效力？依公務員懲戒法第六條規定，前揭行為，不生效力。但是，若基於保護人民之信賴利益之觀點，則此項規定過於僵化。此項規定若修改如下，則較為合理：若停職得為第三人識別者，停職公務員所為職務上之行為無效；反之，有效。

第九節　公務員關係的消滅

所謂公務員關係的消滅，是指公務員身分喪失，同時亦失去職位。公務員關係消滅的原因如下：

㈠公務員本人死亡。

㈡公務員喪失中華民國國籍。

㈢辭職。

㈣民選公務員任期屆滿或被罷免。

㈤退休：公務員因屆至特定年齡或已滿特定服務年限或基於特定原因，終止公務員關係謂之退休。退休分命令退休、屆齡退休及自願退休。

㈥撤職：除去現職及公務員身分。撤職係公務員懲戒方法之一。

㈦資遣：公務員因符合資遣原因，經上級主管機關核准，而終止公務員關係，謂之資遣。資遣原因如下：

1. 機關裁撤、組織變更或業務緊縮，不符公務人員退休法所定退休規定而須裁減人員。

2. 現職工作不適任，經調整其他相當工作後，仍未能達到要求標準，

或本機關已無其他工作可以調任。

3.經中央衛生主管機關評鑑合格醫院證明身心衰弱不能勝任職務。

4.其他依法應辦理資遣的原因。

第十節　公務員的保障

公務員之身分、官職等級、俸給、工作條件、管理措施等有關權益，應予保障。若行政主體機關對於公務員在此方面有不利之措施時，公務員得循復審程序或申訴、再申訴程序獲得救濟。分述如下：

一、復　審

公務員對於服務機關或人事主管機關所為行政處分，認為違法或顯然不當，致損害其權利或利益者，得提起復審。非現職公務員基於其原公務員身分之請求權遭受侵害時，亦得提起復審。若公務員已亡故，其遺族得為公務員提起復審，但以基於公務員身分所生之公法上財產請求權遭受侵害者為限。另公務員因原處分機關對其依法申請之案件，於法定期間內應作為而不作為，而損害其權利或利益時，亦得提起復審。

復審應以書面為之。復審之提起，應自行政處分達到之次日起三十日內為之。復審人應繕具復審書經由原處分機關向保訓會提起復審。

復審人必須具有復審能力，始能為之，無復審能力人應由其法定代理人代為復審行為。多數人對於同一原因事實之行政處分共同提起復審時，得選定代表人，代表人經選定或指定後，由其代表全體復審人為復審行為。復審人得委任熟諳法律或有專業知識之人為代理人。復審人或復審代理人經保訓會之許可，得於期日偕同輔佐人到場。

復審人或其代理人得向保訓會請求閱覽、抄錄、影印或攝錄卷內文書，或預納費用請求付與繕本、影本或節本，但以維護其法律上利益有必要者為限。復審提起後，於保訓會復審決定書送達前，復審人得撤回復審。復

審經撤回後，不得再對同一事件提起復審。

　　復審提起後，復審人死亡或喪失復審能力者，得由其繼承人或其他依法得繼受原行政處分所涉權利或利益之人承受復審程序。但已無取得復審決定之法律上利益或依其性質不得承受者，不在此列。

　　保訓會認為復審書不合法定程式，但其情形可補正時，應通知復審人於二十日內補正。保訓會就書面為審查並作成決定。惟保訓會認為必要時，得通知復審人或有關人員到達指定處所陳述意見並接受詢問，保訓會亦得依職權或依復審人之申請，通知復審人或其代表人、復審代理人、輔佐人及原處分機關派員於指定期日到達指定處所為言詞辯論。復審人對保訓會所為之程序上處置不服時，應併同復審決定提起行政訴訟。

　　復審之決定，分下列各種：

　　㈠復審無理由者，以決定駁回之。

　　㈡復審有理由者，應於復審人表示不服之範圍內，撤銷原行政處分之全部或一部，並得視事件之情節，發回原處分機關另為處分，但原處分機關於復審人表示不服之範圍內，不得為更不利益之處分。

　　復審決定應於保訓會收受原處分機關檢卷答辯之次日起三個月內為之。復審事件不能於上揭期間內決定者，得予延長，並通知復審人。延長以一次為限，最長不得逾二個月。

　　復審事件有下列情形之一時，應為不受理決定：

　　㈠復審書不合法定程式不能補正或經酌定相當期間通知補正逾期不補正者。

　　㈡提起復審逾法定期間或未於公務人員保障法第四六條但書所定三十日內補送復審書者。

　　㈢復審人無復審能力而未由法定代理人代為復審行為，經通知補正逾期不補正者。

　　㈣復審人不適格者。

　　㈤行政處分已不存在者。

　　㈥對已決定或已撤回之復審事件重行提起復審者。

㈦對不屬復審救濟範圍內之事項，提起復審者。

復審事件有下列情形之一者，不予處理：

㈠無具體之事實內容者。

㈡未具真實姓名、服務機關或住所者。

保訓會發現原行政處分雖屬違法或顯然不當，但其撤銷或變更於公共利益有重大損害時，得駁回其復審。又復審之決定以其他法律關係是否成立為準據，而該法律關係在訴訟或行政救濟程序進行中時，於該法律關係確定前，保訓會得停止復審程序之進行，並即通知復審人。

復審人對於復審決定依法得聲明不服時，得於決定書送達之次日起二個月內，依法向該管司法機關請求救濟。

二、申訴、再申訴

公務員對於服務機關所為之管理措施或有關工作條件之處置認為不當，致影響其權益者，得向服務機關提起申訴。公務員應於管理措施或工作條件之處置達到之次日起三十日內為之。公務員離職後，接獲原服務機關之管理措施或處置者，亦得提起申訴。申訴應以書面為之。服務機關對申訴事件，應於收受申訴書之次日起三十日內函復，必要時得延長二十日，並通知申訴人。逾期未函復，申訴人得逕提再申訴。另申訴人不服服務機關函復者，得於復函送達之次日起三十日內，向保訓會提起再申訴。再申訴決定應於收受再申訴書之次日起三個月內為之。必要時得延長一個月，並通知再申訴人。各機關對於保訓會查詢之再申訴事件，應於二十日內回復，倘不於上揭規定期間內回復者，保訓會得逕為決定。提起再申訴應以書面為之，再申訴之決定，亦同。

管理措施或有關工作條件之處置，不因提起申訴、再申訴而停止執行。但原管理措施或有關工作條件之處置合法性顯有疑義，或其執行將發生難以回復之損害時，保訓會或服務機關得依職權或依申請，就管理措施或有關工作條件之處置全部或一部，停止執行。

服務機關應於收受再申訴決定書之次日起二個月內，將處理情形回復

保訓會。必要時得予延長，但不得超過二個月。再申訴事件審理中，保訓會得依職權或依申請進行調處，若調處成立者，作成調處書，並終結審理程序。倘調處不成立，保訓會應逕依再申訴程序為審議決定。再申訴事件經調處成立者，服務機關應於收受調處書之次日起二個月內，將處理情形回復保訓會。

再申訴事件有下列情形之一時，不予處理：

㈠無具體之事實內容者。

㈡未具真實姓名、服務機關或住所者。

三、再審議

申請再審議，限於復審事件。原處分機關或復審人於復審決定確定後，得基於下列事由之一，向保訓會申請再審議：

㈠適用法規顯有錯誤。

㈡決定理由與主文顯有矛盾。

㈢決定機關之組織不合法。

㈣應迴避之委員參與決定。

㈤參與決定之委員關於該復審事件違背職務，犯刑事上之罪。

㈥復審之代理人或代表人，關於該復審有刑事上應罰之行為，影響於決定。

㈦證人、鑑定人或通譯就為決定基礎之證言、鑑定或通譯為虛偽陳述。

㈧為決定基礎之證物，係偽造或變造。

㈨為決定基礎之民事、刑事或行政訴訟判決或行政處分，依其後之確定裁判或行政處分已變更。

㈩發見未經斟酌之證物或得使用該證物者，但以如經斟酌可受較有利益之決定者為限。

(十一)原決定就足以影響於決定之重要證物漏未斟酌。

申請再審議於原行政處分、原決定執行完畢後，亦得為之。申請再審議應於三十日之不變期間內為之。期間的起算自復審決定確定時起算。但

再審議之理由知悉在後者，自知悉時起算。再審議之申請，自復審決定確定時起，如逾五年者，不得提起。申請再審議應以書面向保訓會提起。再審議之申請，於保訓會作成決定前得撤回，經撤回後，不得更以同一原因申請再審議。保訓會認為申請程序不合法者，應為不受理決定；認為無理由者，應以決定駁回，經駁回決定後，不得更以同一原因申請再審議；認為有理由者，應撤銷或變更原復審決定。

第 *11* 章

公物

第一節　概　說

行政主體欲達成其職權，必須借助人力及物力。因此，行政主體備置各種物，以提供其本身使用或供公眾使用。此種之物，可統稱之為公物。

公物的例子相當多，例如：馬路、河川、海域、大氣、港口、公園、公立醫院、公立養老院、運動場、體育館、公立小學、公立中學、公立大學、郵政設施、鐵路運輸設施、電訊設施、自來水供應設施、電力設施、公立圖書館、公立活動中心、辦公大樓、辦公室內桌椅、辦公室內電腦、車輛、武器等等。

公物是由行政主體予以設定，而受特別的公法規定的規制。因此公物具有特殊的公法上的法律地位。

第二節　公物的意義

所謂公物，係指由行政主體為公共目的所設置而在公法支配關係中之物。此項意義析述如下：

㈠公物在基本上是指「物」。此地所謂之物，與民法上物的概念無關。它是泛指任何一個客觀存在的（除人之外的）標的。因此，此地所稱之物，兼及有體物與無體物，以及兼及人力所能支配或不能支配者。

㈡一個單純之物欲成為公物，必須經過行政主體的設定。設定是行政主體的行為。經過設定，一個單純的物成為公物。一個公物的範圍，完全依設定行為所涵蓋之範圍而定。民法上有關物的一些概念，不得作為決定公物範圍的標準。例如，主物與從物的概念及本物與孳息的概念，皆不能用來確定公物的範圍。換言之，一個物被設定為公物時，不得運用民法上之從物及孳息概念來認定該公物之範圍及於從物及孳息。公物可由單一物

件所形成，也可以由多數物件所形成。

㈢行政主體設定公物係為公共目的，亦即公物供行政主體使用或供公眾使用。質言之，公物係供行政主體或公眾使用。而使用之法律關係有可能是公法關係也有可能是私法關係。此點端視使用係依公法為之或依私法為之而定。

㈣公物因設定而在行政主體之支配之下。換言之，公物是立於支配關係之中。此項支配關係屬公法性質，亦即：公法支配關係。此項支配關係之目的，不外是使行政主體管理公物。

從另一個角度來看，支配關係中的行政主體，謂之公物主體。而公物主體對於公物所享之權利，可統稱之為「公物權」。公物權係對世權，即絕對權。任何第三人對於公物權，負有容忍與不作為之義務。

若一個物雖具有公共目的，但在其上卻不存有公法法律關係（公法支配關係及公法使用關係）時，該物仍非公物。例如：私人所有之畫廊或公園開放予公眾使用。

行政主體對其所有的財產，如土地、建築物或資金等，僅依私法為管理及收取孳息時，而未供行政主體或公眾使用時，並非公物。

第三節　公物的設置與管理

公物的設置，由行政主體為之。若法明文規定行政主體有設置公物的義務時，該行政主體即應依法設置公物，否則由行政主體裁量是否設置公物。

公物主體對於公物有管理的權責。該項權責的內涵為何，依相關規定而為決定。基本上，公物主體應維護公物的性狀，使其能達到供使用的目的。公物主體為預防及排除對於公物的侵害或預防及排除對於使用的不利影響，得採取必要的措施，特別是強制措施。例如：公物主體對於形成公物的處所（建築物及土地）享有處所權。基於此項權利，公物主體得採取

措施來預防及排除對於處所的侵害或對於其使用的不良影響。處所權是公法性質的權利，依該權利所採取的措施，則屬於公法性質。此外，若公物主體對公物亦同時享有物權法上權利（如：所有權）時，得依據物權法的規定（如：民法第七六七條），採取保護措施。至於公物主體是依公法規定或依民法規定，採取措施來達到保護目的，則由公物主體裁量決定，但若法有特別規定，則從此規定。

第四節　公物的設定、變更與廢除

一個物因設定而成為公物，因廢除而喪失公物性質。設定與廢除皆是行政主體之行為。所謂設定，是指確定物所供之使用，亦即，指定物之使用。廢除是指消滅物之指定使用。變更是指改變物的使用或擴大或限制物的使用。

在理論上，設定有下列數種可能的模式：

㈠法律（形式意義）。

㈡法規命令。

㈢自治規章。

㈣習慣法。

㈤一般行政處分。

㈥行政規則。

若設定係以行政處分方式作成，則該行政處分因實際上開始使用而發生效力。實際上開放使用非行政處分，而是事實行為。實際上開放使用是設定之停止條件。

行政主體對於其所有之物或不屬任何人所有之物，固可設定為公物，但欲把第三人所有之物設定為公物時，則應先取具適當之權源，例如：

㈠行政主體應先取得物之所有權。基於此所有權，得設定公物。

㈡行政主體應先獲得第三人之同意。基於此同意，得設定公物。

當然，若法有特別規定時，行政主體得依法逕行設定公物，而不必獲得第三人的同意。

若物在成為公物之前，在該物上已存有私法法律關係（所有權），那麼在物成為公物之後，在該物上則存在兩種法律關係：公物法律關係（公法支配關係及公法或私法之使用關係）及私法法律關係。此時，公物法律關係形成私法法律關係之限制。換言之，凡與公物法律關係相牴觸或有害於公物法律關係之私法法律關係部分，被公物法律關係壓迫而處於「沈寂的狀態」，但未消滅。一旦公物法律關係消滅，私法法律關係又「恢復生機」。換言之，物之所有人僅在不與公物法律關係相牴觸或不害及公物法律關係之範圍內，得行使其所有權。也就是說，物之所有人僅在「剩餘」範圍內行使其所有權。今舉一例為說明：臺北市因拓寬馬路，而在施工期間禁止通行該路。臺北市另行設置一條臨時道路。該臨時道路通過 A 之果園。A 對於臨時道路之設置予以同意。臨時道路啟用後，A 對於該道路通過之果園土地部分雖然仍保有所有權，但卻不能行使該所有權，例如：同意他人在臨時道路通過之果園土地上設置檳榔攤位。但是，A 仍得將果園土地所有權轉讓予他人。因為所有權之移轉不影響於公物法律關係。

所謂「廢除」是指消滅物之公物性質。由於廢除是設定的相對行為，因此「廢除」的性質應與「設定」一致，析言之：若設定是抽象規範，廢除亦必須是抽象規範；若設定是行政處分，則廢除亦必須是行政處分。變更行為的模式，基本上亦應與設定行為相同。

第五節　公物的種類

公物可區分為公眾使用物及行政使用物。前者指供公眾使用之公物，後者指供行政主體本身使用之公物。公眾使用物又可進一步分別為：通用物、個別使用物及營造物中之公物。

通用物是指每個人皆得逕為使用之公物而不必先經公物主體之同意。

換言之，每個人對於通用物皆有使用權，而此使用權屬支配權性質，亦即公法上的支配權。當然此種使用權之行使，應在指定使用的範疇內及在相關規定範圍內為之。通用物之例子，如：馬路、水域（在航行使用方面）以及天空（在飛航使用方面）。通用物的使用權，大都是直接基於抽象規定。

個別使用物是指先經公物主體之同意始得為使用之公物。使用人經公物主體之同意，而取得使用權。此使用權亦屬公法上之支配權。使用權之行使應在法定範圍內為之。個別使用物之例子，如：水域（河川）在排放廢污水或傾倒工業廢棄物方面的使用以及在取水方面的使用。依海洋污染防治法的規定，將廢污水排放入海域，或把工業廢棄物棄置於海域中，應先經主管機關之許可。此許可給予使用人得為排放或棄置之權利。

營造物中之公物，是指在營造物範疇中被指定為供特定對象使用之物。此地所稱營造物兼指公營造物及不具法人性質的營造物。得使用營造物中公物之人，僅限於特定的人。此種特定的使用人，由公物之設定行為予以規制。營造物中之公物的使用，應經營造物管理機關的同意。而使用應在指定之使用範疇內及依使用規定為之。營造物中之公物，如：公立學校、公立游泳池、公立圖書館、國立中正文化中心之國家戲劇院及國家音樂廳。

行政使用物，是指供行政主體之機關，為執行任務的需求，而使用之物。行政使用物，如：辦公大樓、車輛、桌椅等。

第六節　公物的使用

第一項　行政使用物

行政使用物係供行政主體使用。所謂行政主體使用，實即機關人員之使用。機關人員之使用，亦在法定範圍內為之。行政使用物有時亦供公眾使用。而公眾使用通常基於下列兩種情形：

㈠公物主體與使用人簽訂私法上契約，基此契約而達到使用目的。例如：以契約方式許予特定人使用特定空間以經營福利社或餐廳。

㈡基於公物主體機關行使職權之必要，而讓人民對於行政使用物為某種程度的使用，此種使用關係為公法關係。例如：為使人民辦理申請案件而許其進入辦公大樓，個人受邀在禮堂中受獎或觀禮等。

第二項　公眾使用物

公眾使用物，係供公眾使用，此種使用分通用及個別使用。前者指不必經公物主體之同意而得逕行實施之使用。後者指應經公物主體同意方得實施之使用。

若欲對通用物為逾越其指定使用之範疇或程度之使用，且此種使用會對於通用物之指定使用造成影響時，應經公物主體的同意始得為之。此種使用謂之特殊使用，例如：佔用路面從事商品促銷活動，佔用路面販售食品及衣物等，佔用路面從事政治訴求，路邊咖啡店在店前路面擺放桌椅供客人使用。公物主體同意特殊使用，以公法上之方式為之，如：行政處分或行政契約。公物主體得依規定對於特殊使用，徵收費用。

若對於通用物為不同類型的使用，而此種使用不會影響通用物之指定使用時，仍應經公物主體的同意，例如：採收道路樹上的果實，把房子屋簷的水引入路邊的水溝裡。此種使用也是特殊使用。公物主體應以公物之私法主體（如：所有人）的身分以私法的方式給予同意，例如：契約。但若法有明文規定，應以公法方式給予同意時，則應從之。公物主體得要求使用人給付使用的對價。

營造物中公物的使用，分自由使用與強制使用。所謂自由使用，是指使用與否，由公眾自行決定。所謂強制使用，是指必須使用，即有使用的義務。前者，如：公立圖書館，後者，如：使用水及電。營造物中公物的使用，應經公物主體的同意。同意基本上以公法方式做成，如：行政處分或行政契約，但同意也可能以私法上行為做成，即：契約。

　　對營造物中公物為逾越指定使用範疇或程度之使用或者由法定得為使用者以外之人所為的使用，謂之特殊使用，例如：在學校教室中安置地震受災戶。特殊使用應經公物主體的同意。

　　通用物或營造物中公物的性質終止或暫時中止使用時，通用物及營造物中公物的特殊使用亦告終止或暫時中止。

　　若營造物中之公物的使用是植基於私法契約，則使用人應給付使用對價；若營造物中之公物的使用是植基於行政處分或行政契約，則使用人應繳付費用。

第七節　海　域

第一項　概　說

　　所謂海域，是指在海岸低潮線以外的水域。海域異於內陸水域。海域可以依據不同規定發生不同的公物地位。析言之，海域可依據不同規定，指定不同的使用目的，而取具不同的公物地位。在下文中，僅說明海域供交通使用與供漁業使用之公物地位。

第二項　指定為交通使用的海域

第一目　設　定

　　海域取得供交通使用的公物地位，是基於習慣法的規定。長期以來，船舶使用人一直利用船舶在海上從事航行。而交通管理機關及其他涉及航行的機關也容忍此種行為，以及對此種行為進行管理及控制。此種客觀存在的行為顯現出，人民與行政主體皆認為海域應供交通使用。此外，人民

及行政主體在主觀上皆認為此種航行使用是應該的，亦即：海域供交通使用是應該的。換言之，行政主體在主觀上已產生法的信念。因此，在人民與行政主體之間產生一個習慣法。此習慣法規定：海域供交通使用。基此，海域供交通使用的公物性質，是基於習慣法而生的。

第二目　管　理

海域交通使用的管理機關是交通部。海域交通管理方面的規定甚少且不完備。目前僅有「航路標示條例」及「中華民國領海及鄰接區法」。此外，交通部亦適用一項國際條約「一九七三年國際海上避碰規則」及其修訂條約，作為管理的依據。但是，該條約並非我國所締結的條約。因此，該條約如何能在我國國內法領域中予以適用，實大有問題。今不論此問題，該條約實際上在國內法領域中是被適用的。

交通部所為之管理大致有幾個方向：航路標識的設置、維護及管理，指定航道及採用分道航行制，外國船舶無害通過的管理。

第三目　使　用

海域交通使用之公物地位是由習慣法所設定的。基於此習慣法的規定，任何人皆得直接對海域為航行的使用。此項使用權直接基於習慣法而發生，而不必經交通機關的同意。海域的交通使用權，係支配權性質。

基於前段所述，供交通使用的海域是通用物。

交通使用，應遵守航行規則與避碰規則。船舶應依規定使用號誌與號標，以及依規定使用音響與撥號信號。此外，船舶應遵守指定之航道與分道航行制，以及遵守航路標識。

第三項　公共水域

第一目　設　定

　　所謂公共水域，包括內陸水域與海域。而此地所稱海域尚包括潮間帶在內。漁業法第六條明文規定，公共水域供漁業使用。換言之，海域之所以有公物地位，是由漁業法所設定的。漁業法是法律（形式意義），因此，海域供漁業使用的公物地位，是由法律所直接設置的。

第二目　管　理

　　公共水域的管理機關是行政院農業委員會、直轄市及縣（市）政府。

　　管理機關為保育漁業資源的目的，得對於漁獲量、作業狀況及海況實施調查。為達此目的，得對於從事漁業者要求提出漁獲量報告及有關漁具、漁期、漁法及其他相關之報告。

　　管理機關得採取各種保育措施，例如：規定禁漁區、禁漁期，規定禁止使用之漁具及漁法，禁止或限制水產動植物之移植，限制或禁止投放或遺棄有害水產動植物之物品，除去或限制妨害水產動植物洄游路徑之障礙物。此外，管理機關得設置水產動植物繁殖保育區。

　　管理機關得對於漁業活動進行查緝。析言之，管理機關得至漁船或其他場所為檢查、扣押及封存物件，以及為行政制裁。管理機關為保障漁業安全及維持漁區秩序，得訂定漁船作業應行遵守之事項以及實施漁業巡護。

　　管理機關應擬定及公告各種漁業活動的計畫。並依此計畫核准各種漁業活動。此種計畫在性質上屬於行政計畫。

第三目　使　用

　　公共水域的漁業使用，應先經管理機關的核准。因此，公共水域是個別使用物。核准在性質上屬行政處分。核准產生漁業權。漁業權分為五種：

區劃漁業權、定置漁業權、專用漁業權、特定漁業權及娛樂漁業權。前三者屬私法性質權利，即：準物權，後二者則屬公法性質權利。但這些權利皆是支配權。行使此五項權利，即是對於公共水域為使用。

從事定置、區劃及專用漁業活動，應遵守管理機關有關漁場設施、採捕及養殖方法、漁具以及其他事項所訂定的規定。娛樂漁業及特定漁業活動，則應遵守管理機關所訂定的作業規範，以避免衝突的發生及形成良好漁場秩序。

定置、區劃及專用漁業活動皆需佔用一定水面，而特定漁業及娛樂漁業則以漁船運動而為活動。因此，娛樂及特定漁業活動不得侵入定置、區劃及專用漁業活動的範圍。

第八節　商　港

第一項　設　定

商港分國際商港及國內商港。依據商港法第四條第一項及第二項的規定，國際商港及國內商港的設定為公物，應由商港主管機關公告之。第四條第一項及第二項是授權規定，而公告是對於不特定的對象為之。基於該規定所為的商港設定行為，應是法規命令。但在行政程序法施行之前，固然可以做此種解釋，在行政程序法生效之後，則不能為此種解釋。依據行政程序法第九二條第二項的規定，行政機關設定公物的行為，屬於行政處分。此行政處分是對物處分。行政程序法既然對於行政機關依法設定公物的行為，統一規定為行政處分，則商港法第四條第一項及第二項的解釋，應配合該法為之。依商港法同條規定，國際商港在公告前，應先經上級機關核定，國內商港在備查後公告之。

第二項 管 理

依商港法之規定，國際商港由主管機關設國營事業機構經營及管理；管理事項涉及公權力部分，由交通及建設部航港局（以下簡稱航港局）辦理。國內商港則由航港局或行政院指定之機關經營及管理。目前國際商港由國營港務股份有限公司經營及管理。

商港管理機構應維持港口可供使用的狀態，特別是維修、疏導航運及維持秩序，以便利使用。商港管理機構應公告或通知所有人打撈清除沈船、物資或漂流物。所有人拒絕或所有人不明或不能通知時，則由商港管理機構自行打撈清除。沈船、物資或漂流物影響船舶行駛、停泊而必須為緊急處置時，商港管理機構應逕行打撈清除。

商港管理機構應查緝及制裁妨礙港區安全的行為，如：

㈠在海底電纜及海底管線通過的地區錨泊。

㈡養殖及採捕水產動植物。

㈢其他經公告之妨害港區安全行為。

㈣污染港區。

但商港經營事業機構、航港局或指定機關於不妨害港區作業、安全及不造成污染之商港區域，得與登記有案之相關社團協商相關措施，公告開放民眾垂釣。

商港區域內治安秩序維護及協助處理違反港務法令事項，由港務警察機關執行之。商港區域內消防事項，由港務消防機關或委辦之地方政府執行之。港務警察機關及港務消防機關協助處理違反港務法令事項時，兼受航港局之指揮及監督。

第三項 使 用

商港係供入出、停泊、上下人員及貨物以及供其他相關活動之使用。

商港使用，應經管理機關同意。管理機關的同意是行政處分，對於船舶所有人或船舶營運人發生使用權。

船舶入出商港，應填具船舶入港或出港預報表送管理機關查核。船舶入港後，應填具入港報告單。船舶在入港及出港時，應懸掛中華民國國旗及船籍國國旗。船舶入港及出港時應受海關、衛生、移民及安全方面檢查。

船舶在商港區域中行駛，應遵守各種航行規定。船舶應緩慢行駛，並不得於航道追越他船或妨礙他船航行。船舶不得任意鳴放音響或信號，但為警告危險或其他告急所必要者，不在此限。船舶施放信號彈、煙火或其他爆發物，應經管理機關同意，但發生火災或其他緊急事故時，則不在此限。

船舶停泊應依規定為之。船舶應依指定的船席或錨地停泊。但若發生緊急狀況，得在不妨害商港安全之條件下為緊急停泊。但事後應以書面向管理機關報備。

船舶應在指定地點，裝卸貨物及上下人員。船舶裝卸危險物品，應經許可。高度危險物品於卸載後，應即運離港區。未即運離的物品，應存放於指定場所。裝卸危險物品的船舶，應於日間懸掛紅旗，夜間懸掛紅燈於最顯明易見之處。

船舶不得在港區內排放有毒物質、污水、廢油或投棄垃圾，而應將其置於自備的容器內，並予適當處理或排放於商港設置之收受設備內。

商港港區得為特殊使用。特殊使用應經管理機關許可。所謂特殊使用，例如：

㈠在水面設置標識，在航路標識上，栓繫繩纜及船具。

㈡在水面停放或拖運浮具或其他物料。

㈢採取泥土砂石。

㈣拆解船舶、於非修造船廠從事船舶修理。

㈤在港區土地上放置船隻或物料。

㈥敷設、變更或拆除給水、排水、石油、化學品、散裝貨等管道及電力、電信設備。

㈦鐵路、道路之建築、修建或拆除。

㈧疏濬工程或爆破作業。

㈨施放救生艇或潛水。但因緊急救護或救難不在此限。

㈩其他有關妨礙船舶航行安全或危害港埠作業、設施之行為。

民法債編總論實例研習　　陳啓垂 / 著

　　在私法或民法關係中，以債權債務關係最為多樣與複雜，因而民法五編中，以第二編「債」的規定最為龐雜繁複，其理解與適用最為困難。「民法債編通則」為債編的共通規定，有極高的抽象性，法條間的關係錯綜複雜，對學習法律的學生而言，是最難以學習與掌握的編章。本書遵循法典章節體系及法條順序編排，依序撰擬相關案例，列出關鍵問題，再針對問題點，分別引用法條及相關學說理論為說明。並在相關法律規定及學說理論基礎上，扼要解析前舉案例，最後附上相關法條及練習題。期藉此編排方式，從案例及問題著手，提高讀者興趣並引導思考，以逐步掌握相關規定及其適用。本書可作為讀者自我學習「民法債編通則」的書籍，亦可作「民法債編總論」課程的獨立或輔助教材。